普通高等教育体育与健康教程

武术

第二版

席建平　马宏霞　主　编

赵　丹　袁书立　副主编

U0367133

化学工业出版社

·北京·

《武术》一书紧紧围绕"以人为本、健康第一、终身体育"这一指导精神，从武术起源的背景开始介绍，涉及武术概述、武术文化、武术技法、武术教学与武术训练，包括武术基本功与基本动作、武术套路运动、武术攻防实用动作等内容。

《武术》一书可作为高职高专武术体育的教材，也可适用于社会体育专业、民族传统体育专业和体育类专业专科普修，院校各专业选修武术课使用，也可作为广大武术爱好者、外国留学生的自学课本，中小学武术教师培训教材，以及各类武术馆（校）教学用书。

图书在版编目（CIP）数据

武术/席建平，马宏霞主编．—2版．—北京：化学
工业出版社，2015.10（2024.9重印）
高职高专体育与健康教程
ISBN 978-7-122-25064-3

Ⅰ.①武⋯　Ⅱ.①席⋯②马⋯　Ⅲ.①武术-高等
职业教育-教材　Ⅳ.①G85

中国版本图书馆CIP数据核字（2015）第207184号

责任编辑：李彦玲　　　　　　　　　　　装帧设计：王晓宇
责任校对：李　爽

出版发行：化学工业出版社（北京市东城区青年湖南街13号　邮政编码100011）
印　　装：北京科印技术咨询服务有限公司数码印刷分部
787mm×1092mm　1/16　印张14¼　字数352千字　2024年9月北京第2版第9次印刷

购书咨询：010-64518888　　　　　　售后服务：010-64518899
网　　址：http://www.cip.com.cn
凡购买本书，如有缺损质量问题，本社销售中心负责调换。

定　　价：32.00元

前 言

为更好地落实中共中央、国务院《关于加强青少年体育　增强青少年体质的意见》以及教育部《关于全面提高高等职业教育教学质量的若干意见》（教育[2006]16号）的指示精神，促进青少年身心健康、体魄强健，加强高职高专院校体育教材建设，我们编写了这本教材，力求满足不同性别、不同体质以及将来从事不同职业的学生的需求，体现高职高专院校办学特征，突出学生的个性发展和能力培养，成为学生在校学习武术和终身体育锻炼的指导性用书，也是中州大学教改工程之一。

本书的编写，力求适应现代社会的需要，在注重技术性的基础上，融入科学和人文、生活和时尚，把握时代的脉搏，以"教、学、练、育"相结合、"以人为本"的教育理念，视角新颖，信息量大，内容翔实，是一本集科学性、知识性、实用性和趣味性为一体的武术教材。

编写过程中，针对高职高专院校职业岗位对身体素质的实际需求，增加了学生不同职业体能训练的详细介绍，并且同时强化了职场的"工学结合"，旨在教会学生因地制宜、就地取材，利用身边的场地设施健身强体，养成"终身体育"的良好习惯。

本教材由席建平、马宏霞担任主编，负责全书的整体框架、题纲编写与统稿工作。赵丹、袁书立担任副主编。具体编写分工如下：桥健负责编写第一章、第二章、第三章第一节；胡楠负责编写第三章第二节、第三节、第四节，第四章第一节，第七章；乔正霞负责编写第四章第二节、第三节，第五章第一节、第四节；袁书立负责编写第五章第二节、第三节；赵丹负责编写第五章第五节、第六节；王献福负责编写第六章。书稿编写过程中得到了许多院校的大力支持，在此一并致以衷心感谢。

由于笔者水平和时间有限，疏漏之处在所难免，恳请广大师生和专家提出宝贵意见和建议。

编　者

2015年8月

目 录

第三章 Page

武术教学 031

第四章 Page

武术基本功和基本动作 044

第一章

武术概述

武术是以技击动作为主要内容，以套路和格斗为运动形式，注重内外兼修的中国传统体育项目。它是经历了漫长的历史发展过程而形成的内容丰富精深、社会价值广泛、文化色彩浓厚的我国特有的体育文化形态，与我国传统文化的诸多方面有着密切的联系，是中国传统文化的重要组成部分。它是国之瑰宝、民族奇葩。其博大精深的哲学思想体系、完善实用的技击理论、卓越的强身健体功效，使武术得以成为一种魅力独特的民族传统文化。武术集健身、防身、修身、娱乐、养生为一体，从人的整体观出发，注重人体的内外兼修、形神兼备，循序渐进地对人体进行全面的修炼。武术主要以踢、打、摔、拿、击、刺为主要内容，在发展人的全面身体素质的同时，对人的内在素质也提出了更高的要求，"未曾学艺先识礼，未曾习武先明德""尚武崇德"等都是中华武术优良传统的很好体现。

第一节　武术的形成与发展

一、武术的起源及其原始形态

从70万年前中国猿人的出现，经过漫长的原始社会，伴随人类文明的出现，武术亦开始萌生、发展。武术最根本的特征是技击性，所以研究武术的产生必须从技击性的发生入手。

1.生存竞争中技击的萌芽

原始时代，人群生活在莽莽荒原中。在恶劣的环境下，为了生存，人们首先要与兽斗，于是产生了武术技击的萌芽。其内容主要有二，即徒手搏斗和使用器械。徒手搏斗中，必然产生奔跑跳跃、闪躲、滚翻、拳打、脚踢。器械的运用产生了击、刺、砸等技巧，同时也促进了武器的发明和改进。早在60万年前的"北京人"遗址中，就发现了大量的石锤、石刀等石器和少量锐利的骨器，当然木棍、木矛也是当时少不了的武器，只是易朽不存罢了。既然有搏斗就必然产生了搏斗的经验，经过长期的积累，终于形成了一定的动作和攻防技巧，在后来的搏斗中逐渐产生了运用这些技巧的观念。于是，武术技击意识就萌生了。这就是原始武术在生存竞争中的起源。

2.原始战争促进武术萌生

原始人群之间为争夺食物、领地而发生的战争，男性为争夺女性或女性为挑选男性而产生的性选择的争斗，这些人与人斗的现象经常发生，实际上战争已成为原始人群的职业。《吕氏春秋·荡兵》说："争斗之所自来者久矣，不可禁，不可止。"大量的古籍传说说明了在原始社会，部落与部落之间为争夺领土经常发生大规模的战争。为适应战争的需要，原始部落，就开始了有组织、有目的的战争演习与操练，各种击刺动作、对练动作逐步作为战争经验流传了下来。

3.原始宗教、教育、娱乐与武术的发端

武术形态是多位一体的，宗教、教育、娱乐常常是交织在一起的。人们在狩猎、战争之前或之后，都要进行祭祀活动，在这些活动中，武舞是最主要的项目，他们以场面宏大的武舞或激发人的战斗意志，使部落的子民勇敢杀敌；或宣泄人们丰收的喜悦；或祈求上天保佑平安，以求风调雨顺。《尚书·尧典》中首领"夔"说："于，予击石拊石，百兽率舞。"意思是，"啊！让我们敲打起石鼓，大家模仿百兽动作跳起来吧！"其形式还有模仿人与兽斗的场面等。

4.原始武器的创造

工具及其使用，是人类进化的最重要标志。工具的改进与制作，伴随着人类文化的发展。原始时期，工兵不分，以木石击物则为器，以之格斗即为兵。最早的武器萌芽应该算是木石，是因为它们最易得。木石结合是人类武器史上的一大进步。据考古资料表明：大约距今3万年前，就已经有石制矛头加上木棒成为矛枪，从而开创了复合武器的先河。距今约1万年前的新石器时代，就出现了石刀、石枪、石戈、石斧、石矛头、石镞、石铲、石槌等。同一时期出现的还有骨刀等。弓箭的发明是人类历史发展的一大飞跃。恩格斯认为："弓箭对于蒙昧时代，正如铁剑对于野蛮时代及枪炮对于文明时代一样，乃是决定性的武器"（《家族·私有制和国家的起源》）。《世本》说，黄帝臣"挥作弓、夷牟作矢"。

可见，人与兽斗的技巧与方法显现了武术的雏形；后来人们为了互相争夺财富，人与人搏杀格斗的技能为武术产生奠定了基础；进而制造了更具有杀伤力的武器，从而使用兵器的技艺也逐渐从生产技术中分离出来，为武术的产生创造了必要的条件。这样，人类通过战斗，不仅制造了兵器，而且逐渐积累了具有一定的攻防格斗意义的技能。而"武舞"则是原始社会时期人们将宗教祭祀、教育、娱乐及搏斗训练集于一体的活动方式，也是武术最主要的原生形态。

二、古代武术的发展概况

1.先秦时期的武术

商周时期青铜器工艺已经发展到较高的水平，同时战争的频繁，促进军事武艺的巨大发展。商周时期战争的主要方式是车战，战车为两轮四马，方形车厢，上立三位甲士。左方为一车之首，称"车左"，又称"甲首"，持弓箭主射；右方称"车右"，又称"参乘"，执戈、矛作战；中间为御手。战车上的武器还有戟、殳、剑。《晏子春秋》曰："戟拘其颈，剑承其心。"可见当时既有弓箭远射，又有长兵击刺，还有短兵相接。《楚辞·国殇》曰："操吴戈兮被犀甲，车错毂兮短兵接；旌蔽日兮敌若云，矢交坠兮士争先。"战争的发展也促进了盾的发明和改进，当时光盾就有大小形状不同之分，所谓"五盾"。为了步战的需要，短兵、

拳搏、角力也得到了较大的发展。武士教育也是学校教育的一个重要部分。

另外，西周射术与礼乐相结合而形成"射礼"。射礼共有四种，一是大射，天子与诸侯在举行盛大祭祀之前为选拔参与祭祀的人而举行的射礼；二是宾射，诸侯来朝天子或诸侯互相朝拜时举行的射礼；三是燕射，天子、诸侯娱乐宴会时的射礼；四是乡射，乡大夫举行乡饮酒礼时举行的射礼。这四种射礼根据身份不同使用不同的侯（箭靶）——天子自射用虎侯，诸侯射用熊侯，大夫以下用豹侯。每人皆四矢。设置众多职事人员管理竞赛，如司射（掌握射法，测量距离）、梓人（制侯张）、太史（点记射中之箭数）、司常（举旗报告射中成绩）、射鸟氏（取回射出之箭）、车仆（供应报靶、记分者之护具）、大司乐（射箭竞赛中的奏乐）等。

2. 春秋战国时期的武术

随着战争方式由车战渐变成车、步并用，进而发展成以步骑为主的形式。武技的社会功能向多样化发展，武术的表演性、竞技性、娱乐性和健身性等社会功能的出现，形成了多样化的武术文化。这一时期人们斗剑成风，不但涌现出越女、庄子等击剑高手，还造就了一大批侠义之士，如荆轲、专诸、曹沫、聂政等。最重要的是出现诸如《孙子兵法》《吴子兵法》《孙膑兵法》《司马法》《尉缭子》《六韬》等军事巨著。同时，随着斗剑之风的日益激烈，兵器的制造技术越来越高超，制造出的武器也越来越精良，而且具有地域特色，正所谓"郑之刀、宋之斤、鲁之削、吴粤之剑，迁乎其地而弗能为良，地气然也"（《周礼·考工记》）。《越绝书外传记宝剑》中详细记载了湛卢、纯钩、胜邪、鱼肠、巨阙及龙渊、太阿、工布等名剑之特色与神异。如巨阙，能穿铜釜、绝铁。纯钩，"扬其华，淬如芙蓉始出，观其光，浑浑如水之溢于塘"。20世纪出土的"越王勾践"剑，历时2000余年仍光华灿烂、锋利无比，可为确凿物证。

由于战争的频繁发生，尚武强兵一直是当时每个国家或民族的主要政策，国家之间互相学习，取长补短，如赵武灵王推行的"胡服骑射"。民族之间的这种互相学习、交流，促进了武术的发展，同时也促进了武器的改进。

3. 秦、汉时期的武术

公元前221年，秦灭六国，统一中国后，开始收缴天下兵器。《史记·秦始皇本纪》载："堕名城，杀豪杰""收天下兵，聚之咸阳，销以为钟鐻，金人十二，重各千石，至廷宫中。"这些举措大大限制了民间武术的发展，但是在暴秦的残酷压迫下，农民起义不断爆发，在没有武器的情况下，起义军只好"斩木为兵，揭竿为旗。"而秦军则"阻险不守，关梁不阖，长戟不刺，强弩不射"，最终灭亡。

汉代时，刀、剑、相扑、角抵活动开始东传日本。武术已经上升到理论高度的技术内容。《汉书·艺文志》把当时的兵书归为：《兵权谋》十三家二百五十九篇；《兵形势》十一家九十三篇；《兵阴阳》十六家二百四十九篇；《兵技巧》十三家一百九十九篇。其中《兵技巧》就载有大量的射法和武术技法，如《逢门射法》两篇、《阴通成射法》十一篇、《李将军射法》三篇、《魏氏射法》六篇、《强弩将军王围射法》五篇、《手搏》六篇、《剑道》三十八篇等。

由此可见，当时的武术已经不再局限于过去那种口传心授的方法。从史料看来，武术技法已经到了非常高超的地步，不但有兵器的对练，甚至出现了空手夺白刃。曹丕的《典论·论文·自序》中记载的奋威将军邓展"善有手臂，晓五兵，又称其能空手入白刃"。

汉代武术套路的雏形已经基本形成。从著名的鸿门宴上，范增密授项庄假以舞剑之名，行刺杀沛公之实来看，当时剑术套路已流行于军中。汉代沂南墓剑饰图中帝王欣赏剑士舞剑充分说明了这一点。另外，兵器的对练、角力、练力、试力、比武已经相当流行并发展壮大起来。随着国家之间的相互交流，汉代的刀、剑、相扑之术也东传日本。

由于骑兵的发展，剑已经不适应马上作战，刀逐渐代替了剑在军事舞台上的地位，剑以其他非军事用途继续发展下去，佩剑之风盛起，而且有严格的佩剑等级制度。

至此，武术已发展为两大类别，一类是具有攻防格斗作用的实用性较强的技术动作，紧密地围绕军事技术的发展而发展；另一类则是适应表演需要，把攻防技术反复加工提炼而逐渐形成的套路技术。套路技术的艺术性较强，具有固定的动作次序，既有单练，也有对练，既有短兵对短兵，也有短兵对长兵等形式。这样，在军事方面具有实用性的套路与以表演为主而突出演练技巧的套路，都有了各自的生命力，因而长期并行不衰。

4.两晋、南北朝时期的武术

两晋、南北朝是中国历史上剧烈动荡的时代，也是各民族大融合的时代。匈奴、鲜卑、羯、氐、羌等西北民族纷纷进入中原，相互混战，先后建立十余个政权，史称"十六国"。汉族政权南迁以后，先后有东晋、宋、齐、梁、陈五个朝代。而北方则由鲜卑等民族建立了北魏、北齐、北周等朝代。南北对峙近300年，史称南北朝。这一时期战乱频繁，促进了军事武术的发展，特别是民族间的战争，使得各民族间的武艺得到了发展与交流。

两晋兵制继承汉魏世兵制，士兵全家为兵，家传武艺促进武艺的提高。另外，世家大族和地方豪强为了自卫或扩大势力，建立"坞壁"，农民成为依附豪强的"部曲"，经常练兵习武，使得武艺在民间推广。直到北朝末期，才创立府兵制。

由于作战方式以骑兵为主，所以马上兵器如矛、稍等长兵器得到了发展，较之以前更长、更重，称为"丈八稍"。傅玄《失题》诗有"弄我丈八稍。"《释名》曰："矛长丈八曰稍，马上所持。"刀剑等短兵也发展较快，而且其意义不仅局限于兵器，赋予新的意义，晋人多佩带刀剑，有的用木剑代刀剑，此时的刀剑除了兵器以外已成为饰物。《宋书，礼制》："剑者，君子武备……自人君至土人，又带剑也。自晋代以来，始以木剑代刀、剑。"

各朝君王都重视习射、练武。《南齐书·礼志》："秋金之节，讲武习射。"人们习射主要有两点，即练准、练力致远。由于弓矢威力强大，因而可以对敌人起到威慑作用。《周书·蔡祐传》记蔡在一次战斗中被东魏人围困，"乃弯弓持满四面据之，东魏人弗敢逼。乃募厚甲长刀者直进取祐……敌人渐进，可十步，祐乃射之，正准其面，应弦而倒，便以刺杀之。敌乃稍却，祐徐引退"。

此时的拳术也有非常高超的技艺。《魏书》记"孝文帝有膂力，年十余岁，能以指弹碎髀骨。"《梁书·杨侃传》："侃少而雄勇，膂力绝人，所用弓至十余石。尝于兖州尧庙，踏壁直上至五寻，横行得七胁。泗桥有数石人，长八尺，大十围，侃执以相击，悉皆破碎。"同时娱乐性武术发展也较快，拳术套路雏形已经出现。《魏书·奚康生传》："正光二年三月，肃宗灵太后于西林园。文武侍坐，酒酣迭舞。次至康生，康生乃为力士舞，及于折旋，每顾视太后，举手踏足，瞋目领首，为杀博之势"，生动描述了拳术之动作神态。为躲避战乱、保护寺院，许多寺院、道观开始组织习武，武术与佛教、道教的结合是这一时期的特点。

5.隋唐五代十国时期武术

隋朝结束了中国数百年的分裂割据，统一了中国，更加完善了府兵制，唐朝人仍沿袭。其特点是"寓之于农""兵农合一"。府兵由一般民户中选取，这实际上将兵源、武器装备、习武活动扩展到了整个国家的基层。这无疑对武术的发展起到了推动作用。

武则天创立武举制度，把武术的发展推向高潮。大大提高了民间练武的热情，这在中国历史上功不可没，使得武术更加精炼化、规范化。武举的内容有长垛、马射、马枪、筒射、步射、穿箭、翘关、负重、材貌、言语。

盛唐时期尚武任侠之风，涌现了一大批游侠少年，同时唐朝文化与武术也结下了不解之缘，出现了大量描写武术的唐诗。李白的《侠客行》："十步杀一人，千里不留行。"贾岛也在《剑客》中写道："十年磨一剑，霜刃未曾试。今日把君赠，谁有不平事？"白居易《李都尉古剑》："愿快直士心，将断佞臣头。"杜甫的《观孙大娘舞剑器行》详细描述了剑器舞的奇妙之处。由于少林十三僧救唐王李世民，佛教界习武更盛，少林武僧也闻名于世。角抵又兴起，而且盛况空前。《隋书·炀帝纪》："大业六年春正月丁丑，角抵大戏于端门街，天下奇伎异艺毕集，终月而罢，帝数微服往观之。"唐代的君王大多也喜好角抵，作为宫廷娱乐节目与飞剑、走索、旱船、击鞠、杂戏等一同表演。远射兵器有弓射、弩射、弹丸射、抛石机等。武舞和武术套路得到了进一步的发展。

此外，随着刀制代替剑制，枪是阵战的主要兵器。徒手格斗的角力、角抵、手搏、相扑开展兴盛，东传日本，对日本武道发展贡献极大。

6. 两宋时期的武术

两宋武术主要表现在武艺多样化发展。军事武艺继续沿用武举制，招募优秀士兵入伍，进行统一训练，并且有完善的考核制度。弓箭等远射兵器已达高峰，最强的三弓床弩，所用的箭"木干铁翎，世谓之一枪三箭"，"以其射著城上，人可踏而登也"，射程可远达三百步。在短兵上日本的手刀大量输入中国。宋元时期不仅军事训练规范、系统，而且兵器种类大增。民间出现了大量的武艺结社组织，如"弓箭社"等。见于记载的有"锦标社"（射弩）、"英略社"（使棒）、"角抵社"（相扑）等。这些社团因陋就简，"自置裹头无刃枪、竹标排、木弓刀、蒿矢等习武技"（《宋史》卷191）。在城市中，据《栋亭十二种都城记胜》所载，在街头巷尾打场演武，十分热闹。表演的武艺有角抵、使拳、踢腿、使棒、弄棍、舞刀枪、舞剑及打弹、射弩等。对练叫"打套子"，有"枪对牌""剑对牌"等。这时，集体项目也发展较快。例如，《东京梦华录》卷7载："两人出阵对舞如击刺之状……出场凡五七对，或以枪对牌、剑对牌之类。"但对抗性的攻防技术由于受宋理学家倡导"主静"的影响，都逐渐走向衰微。

随着两宋经济的发展，民间练武结社的习武活动蓬勃兴起，如"英略社""弓箭社""相扑社"等。在城市一些专门性的群众游艺场所"瓦舍""勾栏"，出现了大量的以卖艺为生的民间艺人，其内容不仅有单练套路，还有对练表演，极大地促进了武术向套路方向发展。当然这些场所少不了角抵表演。

理论方面著有军事名著《武经七书》和《武经总要》，从军事组织、军事制度、步骑教练、行军、营战、战略、战术、武器制造和使用、军事地理等都有所论述。

7. 辽、金、西夏及元代武术

契丹、党项、女真及蒙古诸族，均极重视军事。契丹兵制，凡男子15岁以上、50岁以下，皆隶兵籍。蒙古族在备受金朝残酷压迫下奋起斗争，擅长骑射的蒙古族人民，更是全民皆兵，男子从15岁到70岁都要入伍。成吉思汗把其臣民按十户、百户、千户、万户的军事组织编制起来，加上骑射精通、武器精良，所向无敌，建立了一个强大的大元帝国。

元代文艺戏剧的发展，给武术套路的发展提供了生长的土地，在元代戏剧中有很多武打场面，如"三战吕布""单鞭夺槊""关大王单刀会"等，促使武术向套路方向发展，为后来武术套路发展打下基础。元朝少数民族执政，政权建立以后，吸取汉族武制，选拔军事人才。但是，他们在重视朝廷习武练兵的同时，为巩固其统治，禁止民间习武，尤其是汉人习武。元代统治者对民间"……二十人之上不许聚众围猎"（《元典章》卷3，赈饥贫），连民间私藏武器也属犯罪。武艺多以秘密家传的方式冒着生命危险进行传授，因而阻碍了武术发展的步伐。但是，民间武术仍然艰难地向前发展。

8.明代武术

元末农民大起义推翻了元朝的统治，朱元璋于1368年建立明朝。明朝建立以后，蒙古瓦剌部长期与朝廷处于敌对状态。日本封建诸侯又支持日本西部地方破产的封建主、武士、浪人、商人等，到我国中南沿海进行抢、掠、烧、杀的海盗活动，史称"倭寇"。为了抗击倭寇，军事训练被重视起来。唐顺之的《武编》、俞大猷的《正气堂集》、戚继光的《纪效新书》和《练兵实记》、何良臣的《阵纪》、郑若曾的《江南经略》等一批武术及军事名著，正是在这种背景下，由军事训练及战争实践的检验总结而产生的。民族英雄、著名军事家戚继光、俞大猷等人，同时也成了在武术实践、武术理论上颇有建树的武术先行者。明代武术不再仅以刀、枪、棍分门别类，在全国范围内已形成了诸多风格迥异的流派，十八般武艺有了具体的名称内容。因此，明代是武艺大发展的时期，出现了不同风格的技术流派，拳术、器械都得到了发展。武术项目之多，是过去所没有的。明代万历年间，谢肇淛在《五杂俎》中概括为"十八般武艺"，即"一弓、二弩、三枪、四刀、五剑、六矛、七盾、八斧、九钺、十戟、十一鞭、十二锏、十三挝、十四殳、十五叉、十六耙头、十七锦绳套索、十八白打。"特别是在理论上总结了过去的练武经验，具有代表性的著作有《纪效新书》《武篇》《耕馀剩技》等。这些著作不同程度地记载了拳术、器械的流派、沿革、动作名称、特征、运动方法和技术理论等，有的还附有歌诀及动作图解，为后世研究武术提供了重要依据。以此为特征，标志着中国武术体系的形成。

9.清代武术

清军入关以后，随着火器的出现，鸦片战争的炮火轰开了中国的大门，清政府意识到火器的厉害，在强调骑射、长枪等训练的同时，军队也开始配备洋枪、洋炮。至甲午海战后编练的"新军"，已全部采用新式火器。光绪二十七年，清政府宣布废止武举制。武术从总体上退出了军事技术范畴。同时民间武术逐渐开始兴盛，已失去军阵格杀价值的冷兵器大量流入民间，成为反清抗暴、自卫身家的兵器，也成了白莲教、天地会、清水教、义和团等组织的主要装备，从而促进了武术的发展。

清代统治者禁止练武，民间则以"社""馆"的秘密结社形式传授武艺，武术与传统文化结合，产生了许多武术流派，诞生了近百种拳种，如太极拳、八卦掌、形意拳、查拳、太祖长拳、洪门拳、翻子拳、螳螂拳、虎拳、鹤鸣拳、少林拳等，多在清代形成。武术名著有《手臂录》《拳经·拳法备要》《内家拳法》《苌氏武技书》《六合拳谱》《太极拳谱》等。另外，对武德提出了明确的要求。

明清时期，随着火器在军中的出现，使得武术与军事武艺逐渐分离开，并在更广阔的民间开花结果，从而迎来了武术的集大成发展时期，使得武术文化的完备形态在此期间最终形成。主要标志是，武术拳种流派的形成；武术内功的形成；武术套路的形成；内家拳的出现，以及对武德的明确要求等。

三、近代武术发展概况

近代中国，时局动荡，战火不断，在这段特殊的历史时期，中国武术虽然受到了一定程度的负面影响，但在"强国强种"理念的号召下，武术曾一度兴盛。它的发展特点有二，一是以城市为中心，推动武术的普及和发展；二是在近代文化思潮的影响下，武术开始沿着科学化、规范化的方向演化。由于备受外国列强的欺辱，许多有识之士倡导"强国强种"。一些社会名流和教育家，广揽武术人才，出面组织以推广和研究武术为宗旨的武术组织，对传播和发展武术起了积极作用。1910年，上海成立的"精武体育会"。1911年在北京成立北京体育研究社，同年在天津成立中华武士会。1915年4月，在天津召开的"全国教育联合会"第一次会议上，通过了北京体育研究社许禹生等提出的《拟请提倡中国旧有武术列为学校必修课》议案，国家明令"各学校应添授中国旧有武技，此项教员于各师范学校养成之"。至此，源远流长的中国传统武术，正式进入学校教育，成为学校体育课程中的一项内容。1928年国民政府在南京成立的中央"国术馆"等，为社会培养了许多武术专业人才。1924～1935年，历届全运会上武术都被列为正式竞赛项目。1936年，中国武术队赴柏林第11届奥运会表演。这些为中华人民共和国成立后武术运动的发展，起到了重要的承前启后的作用。

然而，旧中国处于殖民地、半殖民地、半封建的社会时期，政治、经济、文化、教育，都受着帝国主义和封建主义的影响，武术受到严重的摧残，到新中国成立前夕，它已经沦落到奄奄一息的地步。

四、中华人民共和国成立后武术的发展

中华人民共和国成立后，武术被作为优秀民族遗产加以继承、整理和提高，成立了各级武术协会，国家设有专门机构负责开展武术运动，将武术列为正式比赛项目。1953年，举行了第1届全国民族形式体育表演竞赛大会，接着又举行多次全国性武术比赛或表演大会。为了推动武术的普及和提高，从1957年开始，国家体委（现"国家体育总局"）组织部分武术家创编了比赛规定套路，编制了群众武术活动所需要的初级套路和简化太极拳等，出版武术书籍和挂图，拍摄武术影片和录像。为探讨武术运动锻炼的价值，还组织有关生理的测定和研究，使其逐步科学化。此外，各体育学院、体育系相继设立武术课和武术专业班，大中小学也把武术列为体育课教学内容，青少年业余体校也建立武术班，各地武术协会设立各种形式的武术辅导站，吸引着大批武术爱好者习武健身。

20世纪80年代改革开放之后，武术事业迅速发展。武术已进入各级学校，武术爱好者及从业人员挖掘、整理出许多武术遗产。武术沿着科学化、规范化和社会化的方向健康发展。我国武术正在走出国门，并迅速在世界范围推广开。具体表现在以下几方面。

（一）武术管理体制的形成与完善

现代体育文化形态的特征就是高度的社会化和组织化。新中国成立后，武术运动的发展同样表现为高度的组织化，使得武术大踏步地走出国门，并迅速在世界上推广开来。1952年设立了民族形式体育研究会，1958年在北京成立了中国武术协会，1986年在北京成立了国家体委武术研究院，1994年下发了《国家体委武术协会更名为国家体委武术运动管理中心的通知》。

（二）武术竞赛体系的形成与完善

1953年11月在天津举行了以武术为主要内容的竞赛大会，1985年国家体委颁布、实施了武术运动员等级标准，1990年第11届亚运会起武术成为亚运会的正式比赛项目，1998年第13届亚运会上，散手列为正式竞赛项目。

（三）武术在学校的普及与推广

1956年，全国中小学体育教学大纲中就有武术内容，1987年，全日制小学体育教学大纲中明确把武术列为基本项目，全国体育院系均把武术列为必修课程，纷纷开设武术选修课，教育部在制定本科体育课程指导纲要时把武术类列为六类主干课程之一。

（四）武术的社会化与市场化发展

1983年全国有各类武术辅导站3570多个，1987年各种武术馆、校有1万多个，全国习武人数多达6000万，并于1997年，国家体委颁布实施"中国武术段位制"，将武术段位定为三级九段，初级一段、二段、三段，中级四段、五段、六段，高级七段、八段、九段。中国武术段位制的实施无疑使全民的武术锻炼更为规范。1987年，国家体委提出了"开发武术资源"的口号和"以武养武"的思路，"武术搭台，经贸唱戏"，使武术运动的社会化与市场化的道路越走越宽阔。

（五）武术在国际上的传播与交流

武术"源于中国，属于世界"。把武术推向世界，扩大中国武术在海外的影响，对显示中华民族特有的智慧和力量，发展国际上的文化交流，增进各国人民之间的友谊都有深远的意义。1985年8月在西安举行了第一届国际武术邀请赛，1990年10月国际武术联合会在北京成立，1991年在北京举办了第一届世界武术锦标赛，每4年1次。1999年6月国际奥林匹克委员会通过决议，承认国际武术联合会为"被承认的联合会"。

（六）武术理论研究的逐步深入

1952年国家体委设立了民族形式体育研究会，1983～1986年全国开展大规模武术挖掘整理工作，查明全国拳种129个。1986年成立了中国武术研究院，1987年成立了中国体育科学学会武术分会，1997年武术学科首先在上海体育学院招收武术博士研究生。

目前武术科学研究正向多学科、多层次的立体型研究深入发展，武术的理论体系框架和技术体系的理论建设已见成效。

第二节　武术的特点与作用

一、武术的特点

（一）动作具有攻防技击性

武术作为体育项目，动作具有攻防技击性是它的本质特征。如散打的技术与实用技击术基本是一致的，集中体现了武术攻防格斗的特点，只是从体育的观念出发，以不伤害对方为原则，严格规定了禁击部位和保护器具。作为中国武术特有表现形式的套路运动，虽然拳种不同，风格各异，有的还具有地方特色，但无论何种套路，其共同特点是以踢、打、摔、拿、击、刺等攻防动作构成套路的主要内容。虽然套路中不少动作的技术规格在原技击动作的基础上略有变化，或因连接贯穿及演练技巧的需要，穿插了一些不具备攻防意义的动作，但通过一招一式表现攻与防的内在含义仍然是套路技术的核心。

（二）具有内外合一、形神兼备的运动特色

讲究动作形体规范，又求精气神传意、内外合一的整体运动观，是中国武术的一大特色。所谓内，指人的精神、意识和气息的运行；所谓外，指人体手眼身步的活动，如太极拳要求"以意识引导动作"，形意拳讲究"内三合""外三合"。套路演练在技术上特别要求把内在的精气神与外部的形体动作紧密结合，做到手到眼到，形断意连，使意识、呼吸、动作协调一致。这一特点充分反映了武术作为一种文化形式在长期的历史演进中备受中国古代哲学、医学、美学等方面的渗透和影响，形成独具民族风格的运动形式和练功方法。

（三）内容丰富多彩，具有广泛的适应性

武术的内容和练习形式丰富多样，不同的形式和内容都有与其相适应的各种练功方法，其动作结构、技术要求、运动风格和运动量不尽相同，分别适应不同年龄、性别、职业、体质的需要，人们可以根据自己的条件和兴趣爱好加以选择。同时，武术运动适合不同年龄、性别、体质、职业，不受时间、季节、场地限制，场地器材也可以因陋就简，这种广泛的适应性给开展群众性体育活动创造了有利条件。

二、武术的作用

武术文化的内在价值是完整的。有激励人们积极向上、自强不息的人生态度的精神价值，有锻炼身体、陶冶情操、心理健康的健身养生价值，有集形体美和精神美于一体的审美价值，有融合精气经络学说和辨证施治、整体施治原则的医学价值，有竞技体育的观赏价值、娱乐价值，以及规模巨大的产业价值。

（一）壮内强外的健身作用

武术的基本活动是人体的运动，一切运动的根本目的都是健身，但是，武术运动有别于其他的运动训练，它的最大特点就是不会损伤人的机能和器官，在正确的功法训练下，能起到内固精气、外壮皮骨的作用。

武术运动作为一种健身手段，它有一套独到的功法和运动规律，它的训练功法与中国古代的导引养生术有着密不可分的关系。武术不但在外部形态上与导引养生术有许多相同的地方，如动作的运动方法、动作与呼吸的配合、运动技能等方面有极其相似的地方，而且武术的理论与导引养生术理论有许多相通的地方。中国的导引术讲究吐故纳新，武术也同样讲调息运气。无论是"提、沉、聚、托"，还是"气沉丹田""以气催力""心与意合，意与气合，气与力合"等，都说明了呼吸与动作的有机结合，不仅能使动作完成得更合理，而且通过呼吸还能增强对内脏器官的锻炼。

中国人自古以来就强调运动，重视生命，《易经》中的"天行健，君子以自强不息"正

是强调了这种思想。武术与养生术的有机结合，大大增强了武术的健身作用。通过武术的锻炼，人们可以从多方面增进身体的健康，从而全面发展人的自身素质，使自身的力量、耐力、速度、灵敏、柔韧等各种素质得到良好的发展。

由于中国的武术流派繁多，内容极为丰富，不同的拳种有各自不同的锻炼方法，所以不同的拳种所产生的效益，在人身体的表现也就不尽相同了。它们可以相互借鉴、相互补充，这样才能使武术的健身作用得到更好的发挥。

（二）提高防身自卫能力的防身技击作用

武术由我国古代的技击术发展而成，其直接来源是攻防格斗。尽管现代武术属于体育的范畴，然而技击性仍然是它的本质属性。通过练拳习武，不仅可以提高人体的各种身体素质，而且可以掌握一定的攻防技法，起到防身自卫的作用。另外，武术散打项目更是以攻防格斗为目的，坚持长期系统的学习，不仅可以提高防身自卫能力，还可以为国防、公安建设服务。

（三）娱乐观赏，丰富文化生活的同时，培养道德情操的教育作用

中华民族素有"礼仪之邦"之称，根植于中华传统文化土壤中的中华武术，也必然以具有浓郁的伦理思想色彩为其主要特色，尚武与崇德便成为习武密不可分的两个方面。中华浩浩历史长河中，如关羽、岳飞、戚继光等无数民族英雄和武术家，无不是德行和技艺同时修炼，甚至德先于技。实行尚武与崇德的教育，无疑可以陶冶人们的思想情操。另外，艰苦的习武实践，对于培养人们良好的生活习性和意志品质也具有积极作用。

武术作为传统文化的一个组成部分，它必然就具备中国传统文化的审美意识。中国人传统的审美习惯，一般是把主体内在的情感表现放在中心位置，中国传统文化非常注重内在情感的表现。在练习武术时，演练者往往会通过肢体把内在的情感通过动作的演练表现出来，而这种情感的表现又往往是含蓄的。像武术所追求的"内宜鼓荡，外示安逸"就体现了一种既重"形"又重"神"的思想，这与中国先贤所追求的"诗言志""诗缘情""情动于中而形于外"等思想是一致的。古人说"书如其人""文如其人"，同理"拳也如其人"。所以人们在练习武术时，除了追求外在的"形"，更注重内在的"神"。

这种外练其"形"、内练其"神"的武术运动本身就是一种最好的自娱运动。许多人把每天习武作为生活中不可缺少的一部分，自练自乐，寻求得到一种自我满足，这样既可以锻炼身体，又可以陶冶人的情操。

练习武术者一方面追求高尚的武德，另一方面追求技艺超群的"功夫"，并把"功夫"作为一种修养。"功夫"指做一件事所花费的精力和时间，也指在某一事业上的造诣和本领。很多前人竭尽毕生精力"练功夫"，他们一方面是在技术上精益求精，另一方面也是在进行意志品质的自我磨炼。

中国武术非常富于哲理，对每个练习者都有强大的吸引力，从而使得每个练习者孜孜不倦地去探寻其博大精深的奥妙，坚持不懈地磨炼着自己的意志，从而培养了人对信念执著追求的精神。

中华武术独有的审美情趣也给武术增添了无穷的魅力。套路运动的动静疾徐、起伏跌宕美，散打运动的巧妙方法、激烈对抗美，不仅能培养人们的审美情趣，给人以美的教育，还能在节庆集会时丰富人们的业余文化生活，带给人们美的享受。同时，以武会友、切磋技艺，还能扩大交往、交流思想、增进友谊，为东西方的文化交流作出贡献。

（四）经济作用

不同的历史时期，武术表现的价值功能侧重点不同。随着我国社会主义市场经济的逐步建立，传统的武术在体育产业化过程中所表现出的经济价值越来越被更多的有识之士认同。首先，作为一种精神产品，武术能不同程度地满足人们对精神文化生活的需求。各种武术表演、比赛，以及武侠文学和影视，在丰富人们文化生活的同时，也带来了巨大的经济效益。其次，武术作为一种劳务，在进行武术教学训练及辅导等活动时，也具有一定的经济效益。另外，作为一种资源，武术还能够带来相关产业的发展，如武术服装、器材及各种武术书籍、期刊、音像制品等武术附属产品的销售，还有各种国际武术文化节等，都是以武术搭台，经贸和旅游唱着精彩的戏。相信随着改革开放的深入，武术发挥的经济效益将会越来越大。

第三节 武术的内容与分类

武术的内容丰富，种类颇多。从组织、机构的角度来说，武林集团表现为门派；从武术的师承、特点的角度来说，武林集团表现为拳种及套路。门派有更强的社会性，拳种、套路有更强的技艺性。这两个从不同角度归纳出来的武林集团概念，相互包容、相互交叉而存在。但是，总的来说，按其运动形式一般可分为三类，即功法运动、套路运动（包括单练、对练和集体练习）、搏斗运动。

一、功法运动

功法运动是以单个武术动作作为主体练习，以达到健体或增强某方面体能的运动，包括内壮功、外壮功、轻功、柔功等。

内壮功是一种采用以意领气、以气催力为基本锻炼手段的人体活动形式，内功的习练以练气为主。外壮功一般也称"硬功"，其练习方式往往采用被动抗打或主动击打，以及用抓、插、点等手段进行的功法练习。

二、套路运动

套路运动是指以技击动作为内容，以攻守进退、动静疾徐、刚柔虚实等矛盾运动的变化规律为依据编成的整套练习。它包括单练、对练、集体练习三种形式。

单练是指个体独自进行的套路练习方式，可分为拳术和器械两类。

对练是在单练基础上，两人或两人以上，在预定条件下进行的假设性攻防练习的套路形式，包括徒手对练、器械对练、徒手与器械对练。

集体练习是指多人（竞赛中通常要求六人以上）徒手、器械或徒手与器械同时进行演练的套路形式，演练时可配音乐。

（一）单练

1.拳术

拳术是徒手练习的套路运动，其种类很多。据万月的《拳术套路初探》记述，从拳术命名的角度，有以下拳种、套路。

以"门"命名的有余门拳、硬门拳、法门拳、空门拳、红门拳、鱼门拳、孔门拳、风门拳、水门拳、火门拳、鸟门拳、佛门拳、窄门拳、字门拳、孙门拳、严门拳、熊门拳、自然门拳、引新门拳、罗汉门拳、磨盘门拳、水浒门拳等。

以姓氏命名的有刘家拳、蔡家拳、李家拳、莫家拳、巫家拳、薛家拳、岳家拳、赵家拳、杜家拳、周家拳、祈家拳、温家拳、孙家拳、邹家拳、高家拳、戚家拳、洪佛拳、岳家教、钟家教、刁家教、李家教、朱家教、蔡李佛拳、岳氏连拳、罗家三展、杨家短打、胡氏戳脚、郝氏戳脚、陈氏太极拳、杨氏太极拳、武氏太极拳、孙氏太极拳、吴氏太极拳、林氏下山拳、武氏十八技等。

以人名命名的有燕青拳、太祖拳、孙膑拳、五祖拳、宋江拳、白眉拳、珠娘拳、纯阳拳、达摩拳、玄女拳、武侯拳、五郎拳、文圣拳、南枝拳、咏春拳、岳王锤、武子门拳、子龙炮拳、太祖散掌、三皇炮锤、孔朗拜灯拳、刘唐下书拳、武松脱铐拳、武松独臂拳、神行太保拳、燕青巧打拳、达摩点穴拳、太白出山拳、甘凤池拳法、黄啸侠拳法、燕青十八翻、罗王十八掌、达摩十八手、孙二娘大战拳、武松鸳鸯腿拳等。

以地名命名的有潭腿（山东临清龙潭寺）、少林拳、武当拳、峨眉拳、崆峒拳（分五大门，即飞龙门、追魂门、夺命门、醉门、神拳门）、梅山拳、灵山拳、昆仑拳、关东拳、关西拳、龙门拳、登州拳、东安拳、石头拳、水游拳、西凉掌、太行意拳、洪洞通背拳等。

以动物命名的有龙拳、蛇拳、虎拳、豹拳、鹤拳、狮拳、象拳、马拳、猴拳、彪拳、狗拳、鸡拳、鸭拳、龙形拳、龙桩拳、龙化拳、行龙拳、飞龙拳、火龙拳、青龙拳、飞龙长拳、青龙出海拳、毒蛇吐信拳、虎形拳、黑虎拳、青虎拳、白虎拳、饿虎拳、猛虎拳、飞虎拳、伏虎拳、五虚拳、八虎拳、虎啸拳、回头虎拳、侧面虎拳、车马虎拳、隐山虎拳、五虎群羊拳、工字伏虎拳、虎豹拳、虎鹤双形拳、白鹤拳、宗鹤拳、鸣鹤拳、飞鹤拳、食鹤拳、饱鹤拳、饿鹤拳、五祖鹤阳拳、永春白鹤拳、独脚飞鹤拳、狮形拳、金狮拳、狮虎拳、二狮抱球拳、猿功拳、猿形拳、猿糅伏地拳、白猿短臂拳、白猿偷桃拳、鸡形拳、鸭形拳、鹰爪拳、老鹰拳、岩鹰拳、雕拳、鹞子拳、鹞子长拳、燕形拳、大雁掌、蝴蝶掌、龟牛拳、螃蟹拳、灰狼拳、黄莺架子、鸳鸯拳、螳螂拳、硬螳螂拳、秘门螳螂拳、八步螳螂拳、梅花螳螂拳、七星螳螂拳、摔手螳螂拳、六合螳螂拳、光板蝗螂拳、玉环螳螂拳等。

以佛圣道仙，神祇鬼怪命名的有神拳、二郎拳、韦驮拳、大圣拳、八仙拳、天罗拳、地煞拳、六星拳、哪吒拳、金刚拳、观音拳、佛汉拳、佛教拳、罗汉拳、金刚锤。二十八宿拳、四仙对打拳、七星访友拳、罗汉螳螂拳、夜叉巡海拳、金刚三昧掌、夜叉铁砂掌等。

以日常杂物命名的有巾拳、扇拳、伞拳、花拳、船拳、钟拳、板凳拳、裤子拳、云帚拳、脱栲拳、百花拳、梅花拳、莲花拳、螺旋拳、山门拳、白玉拳、汤瓶拳、沾衣拳、衣衫母拳、三战铁扇拳、三十六合锁等。

以手法命名的有插拳、截拳、挂拳、挡拳、扎拳、套拳、穿拳、撕拳、翻拳、炮拳、罩掌、剑手、短手、五手拳、应手拳、捏手拳、合手拳、封手拳、练手拳、拦手拳、劈挂拳、撂挡拳、撞打拳、通臂拳、杀手掌、反臂掌、字手、十字手、排子手、万古手、黄英手、八黑手、锦八手、照阳手、金枪手、天罡手、地煞手、四门重手、分手八快、咬手六合拳、盖手六合拳，九宫擒跌手、罗汉十八手、二十四破手、三十六闭手、七十二插手、三十六看对手等。

以步法、腿法命名的有弹腿、暗腿、踔腿、截腿、连腿、戳脚、四步拳、六步拳、八步拳、练步拳、穿步拳、顺步捶、腰步捶、挡步捶、涌步捶、乱八步、三步架、五步打、八步转、掘子腿、溜脚式、十二步架、六步散手、十字腿拳、溜脚架子、连环鸳鸯步、鹿步梅花桩、八步连环拳、九宫十八腿、少林二十八步，进步鸳鸯连环腿等。

地躺拳类有地躺拳、地行拳、地功戳脚，地功翻子、地功罗汉拳、活法黄龙拳、地躺八仙拳、金刚地躺拳、少林地龙拳、地功鸳鸯拳、飞龙地躺拳、九滚十八跌等。

醉拳类有八仙醉、水游醉、醉溜挡、醉八仙拳、醉罗汉拳、文八仙拳、武八仙拳、大八仙拳、混八仙拳、清八仙拳、少林醉拳、形式八仙拳、罗汉醉酒拳、太自醉酒拳、武松醉跌拳、燕青醉跌拳、石秀醉酒拳、鲁智深醉打山门拳等。

跌打拳类有跌扑拳、沾跌拳、沾衣十八跌、武松混打拳、武松脱铐拳、水浒连环拳等。

此外，各地的著名拳种还有形意拳（心意六合拳）、大成拳（意拳）、八卦拳、八卦掌、八极拳、六合拳、查拳、华拳、红拳、节拳、绵掌、绵拳、太虚拳、二郎拳、大悲拳、功力拳、石头拳、连城拳、两仪拳（太极快拳）、独臂拳、疯拳、埋伏拳、迷踪拳、缅拳、缠丝拳、磋跤拳、曦阳掌等。

2. 器械

器械运动是指手持武术兵器进行练习的套路运动，又可分为长、短、双、软器械。如刀、剑等短器械，枪、棍、大刀等长器械，双刀、双剑、双钩、双枪等双器械，九节鞭、三节棍、绳鞭、流星锤等软器械。

如著名的器械套路有八门金锁刀、八卦刀、八卦大枪、九州棍、六合刀、六合枪、六合剑、六合棍、日月乾坤刀、日月乾坤圈、少林双刀十八滚、太极刀、太极剑、河州棍、月牙枪、达摩杖、达摩棍、纯阳剑、八仙纯阳剑、武当剑、青萍剑、袁氏青萍剑、杨氏青萍剑、贾氏青萍剑、梅花刀、梅花枪等。

（二）对练

对练是中国武术项目之一，是两人以上按照固定动作进行攻防格斗的套路练习。其套路是在各种武术单练（拳术、器械）项目的基础上由踢、打、摔、拿、击、刺、劈、撩、砍、点、蹦等技击方法组成的。武术对练有助于进一步体会和理解各种武术单练套路中每个动作的技击意义，从而提高运动技术水平。由于武术对练要求做到战斗气氛逼真，动作熟练，方法准确，配合协调，因而有助于培养运动员勇敢、机智、敏捷和互相协作的精神。

1. 徒手对练

徒手对练是以徒手的踢、打、摔、拿等功防技术组成的拳术攻防套路。双方运动员在相同拳种的单练基础上，运用各种手法、腿法、身法等，按照进攻、防守、还击的运动规律编排对练套路。不同的拳种，各有不同的对练特点。例如，查拳的对练套路，多闪展腾挪、蹿蹦跳跃等动作；华拳的对练，除蹿蹦跳跃外，还有扑跌滚翻等动作；南拳的对练，多肘臂的桥法动作；太极拳的对练，多粘连随带等动作；形意拳的对练，多紧凑快速的动作；八极拳的对练，多挨傍挤靠的动作。擒拿对练，则是按照逆人体关节而动的原则，利用刁、拿、锁、扣、搬、点等手法进行擒拿与解脱。控制与反控制的练习，多是封拿锁扣等反关节和闭气脉的动作。

2. 器械对练

器械对练是以器械的击、刺等攻防技术组成的器械对器械对练套路。有短器械对练、长器械对练、软器械对练、长与短对练、单与双对练等。双方可持相同器械（如各持单剑），也可持不同的器械（如一方持单刀或双刀，另一方持单枪）进行攻防练习。不同武术器械对练，其风格也不尽相同。如练刀时应呈现出勇猛、刚毅、快速的特点，练剑应突出刚中含柔、轻快潇洒的风格，练三节棍进棍的动作要快速紧凑、气势逼人等。还有大刀进枪、匕首进枪、梢子棍进枪等长、短、双、单不同武术器械对练。

3. 徒手与器械对练

徒手与器械对练是一方以拳术、另一方以器械而组成的对练套路。套路的编排，多以徒手的一方争夺对方器械的形式出现。如空手夺刀、空手夺枪、空手进双枪、单刀对空手枪等。要求持器械的一方熟练掌握器械的性能及使用方法，徒手的一方则须闪躲敏捷、动作轻巧。

武术对练在技术编排上一般要求做到下列四点。

（1）攻防合理　对练必须根据对方的进攻方法来防守，只有对方进攻动作做出之后才可进行防守和还击，否则，会无的放矢，破坏套路结构。

（2）招式准确　武术对练套路，是象征性地进攻、防守、还击，不是真杀实砍。这一点在器械对练中是非常重要的。如持枪者既要使枪扎得惊险逼真，又要保证对方不受伤害，这就要准确地掌握枪扎出后的方位。例如，上扎枪这个动作，就要扎对方的面侧、颈侧或耳际，切不可像单练那样，照直扎对方的面部或咽喉；又如，中平扎枪，不能扎对方腹部，而扎对方两腋下或左右肋侧；再如，对练刀中的劈头动作，既表现出刀的勇猛快速的特点，也要注意对练时的刀法，劈头这个动作，当刀即将接近对方背部时，右前臂稍外旋，使刀刃向斜上微翘起，随即用刀背沿着对方背部快速划弧下劈，这样既惊险又安全。

（3）节奏一致　双方配合要默契，协调一致。如果一方快，一方慢，不仅动作紊乱，而且容易出现伤害事故。因此，在对练中，要求双方要一招一式地把进攻与防守的时机掌握得恰到好处。

（4）距离适当　双方进退的步幅要调节得当。假如双方距离太近，肢体伸展不开，动作会受影响，而距离太远，又显得松散，攻防意识不易做到真实。

（三）集体练习

武术集体项目是武术的一种练习形式，是各拳种的6人或6人以上徒手或器械的集体表演。中国早在周代就有武舞，以后历代传习不衰。新中国成立之后，将武术集体项目列入武术竞赛项目。现代武术集体项目整套动作包括规定的步型、步法、身型、身法、跳跃、翻腾等，器械项目还要有一定的器械方法；其队伍要整齐，布局要匀称，有一定的图案变化；内容上要突出武术的特点和风格；可以配乐。武术集体项目在演练时，要求每个运动员必须精神贯注，动作规范，技术准确，有高度的默契。这个项目表演起来经常是场面开阔，威武雄壮，扣人心弦；再配上节奏明快具有各种特色的古典音乐或民族音乐及适当的服饰，可使人获得舒畅、优雅的美好感受。武术集体项目有集体基本功、集体拳、集体剑、集体大刀、集体鞭、集体棍等。

三、搏斗运动

搏斗运动是两人在一定条件下按照一定的规则进行斗智、较力、较技的实战练习形式。

1.散打

古称手搏、白打。由于比赛是以徒手相搏相较的运动形式在擂台上进行，又称"打擂台"。现在的散打是两人按照一定的规则使用踢、打、摔、拿等技击方法制胜对方的竞技项目。

2.推手

两人遵照一定的规则，使用掤、捋、挤、按、探、捌、肘、靠等技法，双方在粘连相随、不丢不顶的条件下，运用肘、腕、掌、指等本体感觉来判断对方肌肉力量上所发生的细微变化，引劲落空、借力发力、寻机借力将对手推出，以此决定胜负的竞赛方法。

3.短兵

短兵是两人手持一种特制的短器械，遵照一定的规则，使用击、刺、劈、斩等剑法和刀法为主要攻防方法进行比赛的竞技项目。

4.长兵

长兵是两人手持一种特制的长器械，遵照一定的规则，以棍法和枪法为主要攻防方法进行比赛的竞技项目。

思考题

1.什么是武术？你如何认识武术的起源？

2.武术的内容和分类有哪些？

3.武术运动的特点和作用是什么？

第二章

武术图解知识

第一节　武术图解知识与识图方法

武术图解知识是通过图形和文字说明来传授、学习和记忆武术套路和动作的。中国传统武术在历史上早就有使用画图和识图记忆与学练动作的习惯。从民间武术广泛使用的武术拳谱和秘籍到现在的武术教材和音像资料，以及现在多媒体教育手段的广泛使用，都是通过文字、画图和动画影像等形式来记忆和传承武术套路动作，这些都为学习、记忆和熟练武术套路动作提供着越来越方便、生动、快捷的自学途径和方法，从而保证和促进了武术能够得以系统地传承和发展。

一、武术图解的一般知识

武术图解的一般知识主要包括运动方向、动作路线、附加图、往返路线、运动方位、动作名称、术语的运用、要领说明、常用叙述词等方面的内容。正确地掌握这些知识和方法不仅方便自学，而且对熟练记忆动作以及在武术教学中突出武术学习和传授的重点，提高教学效果都有重要的实践意义。

（一）运动方向

武术图解中一般所指的运动方向，是以图中人的躯干姿势为准，并且随着躯干姿势所处位置的变化而变化。图中人的身前为前，身后为后，左侧为左，右侧为右；此外还有左前、左后、右前、右后之分。如各种套路开始的预备势，前后左右的方向是以图中人躯干姿势为准。转体时，则以转后的身前为前，身后为后，以此类推。武术的动作很多，身体的变化也大，但始终以躯干姿势来确定方向，不受头部和视线的影响。

（二）动作路线

插图中一般用虚线（----▶）或实线（——▶）箭头表示该部位下一动作行进的路线。箭尾为起点，箭头为止点。有的插图上、下肢的运动路线都用虚线表示。有的右上肢和左下肢用实线表示，左上肢和右下肢用虚线表示。虽然用法不一，但作用则是一致的，都是指明下一动作将经过的路线。有的图解还加用足迹图，以表示脚在运动中的方位及触地面积。

（三）附加图

有些身体背向的动作，图示中无法表现，应附加一幅正面的动作图，与文字说明相吻合，运动方向和路线应以原图为准。有些重要的技术细节，如缠腕、握把等动作，在整体图示中看不清楚，应附加一幅局部动作图。

（四）往返路线

武术套路由若干段（趟）构成，各段的往返路线，一般是单数段向左，双数段则转回来的原来的右。弄清段的前进方向之后，即使在前进中有转身的动作变化，在转身后仍须朝着原来的方向前进，这样段的方向就不会搞错。较为复杂的套路，每段的前进方向经常变化，可将一段分成若干小节，一节节地看就容易看懂了。有些图解绘有平面路线图，可以参考。

（五）运动方位

运动方位是以图中人的预备姿势的假设来确定的。通常设面对方向为南，右手为西，左手为东，背对方向为北。还有东南、西南、东北、西北等相应的方位。运动方位不受身体姿势变化的影响，全套动作方位固定不变。正确地掌握运动方位，会对套路的往返路线和动作布局的理解有很大帮助。

（六）动作名称

为简化文字说明，方便记忆与交流，武术图解常常使用动作名称。动作名称多以下肢的主要动作结合上肢的主要动作而命名，如"马步冲拳""弓步顶肘""虚步刺剑""歇步砍刀"等。有的根据动作形象命名，如"白鹤亮翅""手挥琵琶""金鸡独立"等。掌握动作名称对建立完整的动作概念会有很大帮助。

（七）术语的运用

为了简练，文字说明中常用术语来表述动作，比如步法中的上步、退步、插步、盖步、击步等，步形中的马步、弓步、仆步等，腿法中的正踢腿、弹踢、侧踹腿等，以及各种平衡、跳跃动作等。有的从简说明，有的直接用术语，有的在文中第一次涉及则可能详细说明，以后均用术语。掌握术语对正确认知和理解动作是十分重要的。

（八）要领说明

武术要领是指武术动作和技术的基本要求。有些武术图解中，在动作的后面附有"要领"或"要点"，是为提示完成该动作的关键，或者说明应注意之处。例如，冲拳的要领有拧腰、顺肩、急旋臂等。阅读或练习时必须认真领会动作要领，只有掌握了动作要领，并且反复练习，才能正确地完成动作。

（九）常用叙述词

在动作说明中有左（右）或右（左）的写法，它是指左、右均可或左右互换的意思。

"同时"一词在文字说明中是指身体各部位在运动时同时进行的，不受文字叙述先后的制约，以免影响动作的协调。

"上动不停"一词，常常是由于一个连续完整动作，因需要而分解为几个图解，为表示动作的连贯完整性而采用的，以免看图解时造成分割的理解。"紧接上动"一词，多属在节奏上两个动作连接要紧凑，中间不应有太长的停顿。

二、识图自学方法、步骤与注意事项

识图自学方法是自学者学习和熟练武术套路和动作最基本的方法，是通过对武术图书、资料和拳谱中的套路和动作进行识别、理解、模仿和熟练的学习方法。由于武术图书的出版与发行的内容极为丰富和广泛，这为广大的习武者提供了非常方便和快捷的自学渠道。熟悉和掌握正确的识图方法、了解识图的步骤能有助于自学者更好、更快地完成自学、记忆和熟练武术动作和套路。

（一）识图自学方法与步骤

1.个人自学法

个人自学法是在无人帮助的情况下，借助一定的条件进行自学套路和动作的方法。这种方法一般适用于有一定武术技术基础和基本知识的学生，如常见的基本身型、步形、手形等；另外，要掌握正确的武术图解知识和具备一定的基本能力，即文字阅读能力和识图能力。

（1）看图和动作名称 按动作出现的先后顺序，先看动作图和动作名称，基本领会动作路线、方法以及动作间的相互衔接，接着将它们一一模仿、试练，建立初步的动作概念。

（2）看文字说明 形成初步的动作概念后，认真阅读和理解文字说明，以便掌握正确的技术规格，将动作动态姿势和静态姿势（定势）的基本要领弄清楚。同时，对图中比较难以把握的动作细节，尽量通过文字说明的阅读和理解加深对动作规格的掌握。此时可以采用边看边做的方法以加深印象。

（3）深化提高 基本掌握技术动作后，应及时参照要领和要点进行深化提高，直到基本达到要求后，再进行新动作的学习。同时，还应不断地连贯复习，熟练巩固，这样才能收到良好效果。

2.合作自学法

合作自学法是与他人结合共同学习的自学方法。这种方法在武术套路动作学习中比较普遍，也比较简单易行。对有一定武术运动基础的自学者，突击学习一定的套路动作或者解决在习武过程中因个别动作难题而进行合作性的学习较为适宜。采用合作自学法时既强调同伴之间相互配合和相互帮助来达到共同学习、提高的目的；同时，还必须注意在基本掌握动作的时候，还是要求自学者有独立思维、反复练习、不断巩固提高动作质量，最终达到自我提高的目的。切忌自学中完全依赖别人。合作自学法的主要步骤如下。

（1）分工 将自学者分为甲、乙两方，甲方（一般为一人）的任务是按照文字说明慢速正确地讲读；乙方（一人以上）的任务是按甲方讲读的顺序和要求进行练习，并注意记忆。

（2）检查学习 乙方学习的同时，甲方对照书上的图解检查乙方的动作路线和方法是否正确。如果两者相符，说明动作无误；否则，就应及时查对，找出原因，避免形成错误的动力定型。

（3）**互教互学**　按上述步骤全部学完后，再由乙方教甲方。这样既简便又省时，而且不易遗漏动作。

以上两种自学方法可根据学生的自学能力、技术水平和环境条件选择使用，也可以结合起来综合使用。不论采用哪种方法，都应该完整、准确、高效地掌握技术动作以达到自学的目的。

（二）识图自学的注意事项

武术套路动作有着一定的特殊性，一是整体性，即每一个技术动作都蕴含了特殊的内外技术要求，如劲力、精神、节奏、风格的表达与体现，整体上要求身体形神合一、内外兼修，所以说仅仅掌握动作表象是不够的；二是连贯性，即武术套路中的技术动作有承上启下、上下关联的特点，即每一动作都是在一个相对完整套路技术体系中存在，所以，练习其中的动作时，还必须注意到前后动作和整个套路动作的连贯和变化。在识图学练过程中应注意以下几点。

1.掌握必备的基本功、基本动作知识和技能

对于初涉武术的自学者，应在整套动作学习之前，先掌握一些简单、主要的基本功和基本技术，如拳术中常见的手形、步形、手法、腿法和步法练习方法及器械中的一些主要技术特点和技法等，这对于识图自学者是非常重要的。有一定的专项活动基本功、基本技术知识和技能储备才能使自学过程比较顺利。

2.了解武术图解知识，采用灵活的学习方法

要学习和了解武术图解知识，理解武术动作名称与术语的含义，了解图示中实线与虚线的意义，要领会并依照动作要领进行练习。如在遇到较为复杂的动作时，可采用分解学习法，先学上肢动作，后学下肢动作，最后上、下肢协调配合完成整个动作。

初学者要固定学习方向进行练习，不要经常变换练习位置，否则，容易打乱方向，不利于记忆，影响学习效果。

3.注意眼睛的配合，探求技术动作的攻防含义

眼法是武术运动中重要的功法内容。在图解的文字说明中，一般对定势动作的眼法都有明确要求，如目视前方等要求，因此在掌握基本动作后，要特别注意手与眼的配合。另外，在看图自学过程中，一般人均能按照图解比划出动作的始末，但从武术技术要求上讲，这只是掌握了动作的过程，还应进一步分析研究动作的攻防含义。只知其然而不知其所以然，就不易体现武术特有的基本风格。

4.了解所学套路的风格特点

武术中不同拳种的技术要求和演练风格各异，如长拳讲究姿势舒展、快速有力、起伏转折、显明多变；南拳讲究步法稳固、拳势刚烈、动作紧凑、发声助力；太极拳则要求动作圆活、连贯、轻灵、沉着，运动如抽丝。总之，在技击方法、劲力方法、节奏处理等方面均有各自的特点。这些对运动技术的整体要求，在每一个具体图解中往往难以表达。因此，了解书中关于运动特点和技术风格的总体阐述，对确切地掌握技术风格、要领是十分有帮助的。

三、武术音像教材的自学方法及注意事项

武术音像教材自学方法是指学习者通过现代多媒体的播放工具，如录像机、VCD、电

视、电脑等进行武术知识和技能学习的方法。现代教育技术的发展为武术动作学习提供了更加方便的学习条件和学习机会。不仅可以借助于一般的音像资料等多媒体进行自学，而且现在的网络远程教学，以及越来越个性化的教学方法和教学模式也为武术动作的学习带来更加快速、新颖和灵活的学习空间。常见的自学音像工具主要包括摄像机、录像机、影碟机等。

（一）武术音像教材的特点

（1）直观性和形象性　通过观看音像教材，可以使学习内容更加形象、直观。

（2）储存与再现性　音像教材中的内容具有永存和多次重复再现的特点。

（3）形象反馈性　可以将学生的学习效果借助录像机形象地展现在学生自己眼前，达到全面、及时的反馈。

（二）武术音像教材的自学方法

① 对所要学习的内容应先有一定的了解。因为武术套路中各个套路、拳种都有自己独特的风格和技术特点，学习之前要对其有一定的了解，便于在学习动作的过程中能省时、高效地简化学习的程序，准确地掌握整个套路动作的规格和特点。

② 先观看所学内容的完整示范，在大脑中对学习内容具有大致的轮廓，建立初步的动作表象。

③ 逐个动作的观看和练习。每个套路都由许多个动作组成，学习时必须从起势动作开始，以一个动作为单位逐一进行观看、模仿、练习、对照、研究，直到对动作基本掌握。

④ 分段进行对照练习。每个套路都划分有若干个段或者节，学习时应该按照资料中事先划分好的或者安排好的小段（小节）进行有计划的阶段学习，初步掌握每一段（节）的内容后，要进行独立的练习，达到熟练掌握该段内容之后方可继续学习下一段的内容。

⑤ 整套动作的连贯练习。按照音像教材中的各段划分，对各段内容学习完之后，将全部套路连贯起来进行整套练习。

⑥ 对照录像，纠正错误。观看音像教材的细节动作，对照正确的示范，纠正自学练习过程中容易出现的动作变形和方向、路线错误等。

⑦ 确定风格，提高技术。根据套路技术的运动风格，结合自身的特点，特别是在技击方法、劲力表现、节奏处理等方面形成自己特有的风格。

（三）武术音像教材自学过程中的注意事项

① 根据学习的资料内容合理地安排自学阶段的学习计划、任务和内容。如可以将自学分为几个部分，计划好每个部分所要学习的动作。再根据技术资料中划分的段、节的内容安排，制订每次课所要学习的量（动作的数量），学会一个动作后，加以熟练，再学习下一个动作。当一节动作学会之后，将本节动作连起来练熟后方可进行下一节的学习。按照循序渐进、由易到难的原则，依次向下进行，切记不可贪多。

② 了解技术资料中动作的方位和动作的运动方向、路线，确定起势、收势的位置，避免因资料中的技术动作的改变、转动而出现技术方向、路线、姿势的错误。初学者要固定方向练习，不能经常变换练习位置，否则，容易打乱方向，不易记忆，影响学习效果。

③ 熟悉自学所使用的工具的操作方法，如摄像机、录像机、录音机、VCD、电脑播放软件等。尽可能地早些熟悉所使用的机器和设备的方法，使自学变得轻松和快捷。

④ 由于借助设备和机器学习毕竟是一种较为被动和机械性的学习方法，所以难免会出现学习盲目，依靠性较强等现象，为避免死板、僵硬的模仿，在有条件的情况下，还要注意人与人之间的直接观摩和交流，这样有利于动作的纠正和技术水平的提高。

第二节　武术动作术语与谚语

武术动作术语和谚语是武术教学中常用的专业用语，掌握和使用好武术动作术语和谚语，是体现教师教学能力和教学水平的一个重要方面。规范的武术术语和形象、生动、有趣的武术谚语都是武术知识的重要内容。在教学中无论是作为教师还是学生都应该了解和掌握一定的武术术语和谚语，这也是武术教学中的一个基本要求。

一、武术动作术语

武术动作术语（简称武术术语）是指描述武术动作的名称、要领、要求、特点的专门性用语。掌握好武术术语，不仅能简化文字说明，而且有助于正确领会动作含义。教师在教学实践中正确地使用动作术语，可以简化武术教学，对学生记忆武术动作具有良好的帮助。自学者掌握适当的武术术语对于在学习中节省学习时间、简化学习的程序，尤其是对建立正确的动作概念，是极为重要的。

武术术语包括一般性术语和专门性术语两部分。

（一）一般性术语

一般性术语是指人们在了解和接触武术时，首先应知道的与武术相关的一般性用语。

（1）描述身体部位的术语，如头、手、脚、肩、肘、腕、髋、膝、踝等。

（2）描述方位的术语，如前、后、左、右、上、下、前下方、前上方和正前方等。

（3）描述动作关系的术语，如依次、同时、经、至、变、成等。

（4）描述步法的术语，如上步、进步、退步、移步、叉步、疾步、击步、跳步、纵步等。

（5）描述身体运动方式的术语，如拧转、折叠、翻转、起伏、闪展等。

（6）描述呼吸方法的术语，如吸气、呼气、提气、托气、聚气、沉气等。

（二）专门性术语

专门性术语是指武术运动中，常用的解释武术技术和动作的专用术语。比如，手形中的拳、掌、勾，手法中的冲、贯、抄拳，腿法中的蹬、弹、踹、扫腿等，以及步形、步法、平衡、跳跃、跌扑滚翻等武术动作和各种武术器械方法的专门用语。具体内容在后面章节中有专门介绍，此处不再重复。

二、武术谚语

谚语是一种在社会上普遍存在和流传的固定语句，用简单通俗的语句反映出深刻的道理。武术谚语，是历代习武者对自身习武经验的总结，也包括对武术各个拳种风格特点的鲜明概括和提炼。武术谚语的语言简练，朗朗上口，极具传统性和通俗性，构成了传统武术教学的主要辅助教学方法和内容，极富有教育意义。正是由于这些武术谚语在民间的广泛流传，影响着中国武术世代相传，经久不衰；所比喻的内容在表现形式上生动、形象，充满感染力，极大地方便了武术的学习，对武术的传承和发展有着非常重要的实践意义。

（一）武术谚语的特点

1.深刻的哲理

武术谚语是大众谚语中的一个组成部分。这些谚语无论雅俗，一般采用比喻的方法，或是用浅显易懂的语句来表达一种深刻的道理，既富有教育意义，又容易记忆，比如"一寸长，一寸强""滴水穿石，日进有功"等既形象、生动又富有一定的哲理。

2.丰富的实践经验

武术是在长期的社会实践中积累发展起来的。武术谚语是历代习武者对习武经验的总结概括，大量的习武经验都直接来源于武术实践过程之中，并被长期的实践所验证，因此武术谚语言简意赅，极具有说服力。

3.确定的道德标准

武术谚语来源于也生存于民间，武术谚语和民间的一般性谚语常在一起使用，因而也树立了与社会相一致的道德规范，更加丰富了武术活动中谚语使用的范围和效果，如"未曾习艺先习德，未曾学武先学礼"。广为流传的谚语其实也在教育和培养习武者一种高尚的德行品质。

4.温婉的教育性

武术谚语通俗易懂，形象生动，既可以引起学生习练武术的兴趣，又可以在武术实践过程中发挥有效的教育作用，比如"这山望着那山高，终究学艺不会高"，对于习武过程中常见的缺点和错误，有针对性地进行了批评和规谏。习武者常用谚语来鞭策和讽刺武术界许多的不良行为和习惯，指导自己的习武实践，如在初学武术基本功的时候，教师运用"习武不练功，到老一场空"来说明武术基本功在习练武术中的重要性会给学生留下深刻印象。

（二）部分常用武术谚语

[文以评心，武以观德] 文章是行文者内心世界的表述，用武是习武者道德精神的展示。因此，通过文章内容的善恶，可以评定行文者的用心良莠，通过用武的目的和效果，可以看出习武者道德的尊卑。

[未曾学艺先识礼，未曾习武先明德] "礼"指恭谨待人、尊敬师长等克己敬人的规范。"德"指武德，即尚武崇德的精神。民间武术传承中，戒收失礼缺德之徒。教学之初，首教礼德，然后再传技艺。

[严师出高徒，重道得真谛] 严师才能使学生严守武德，恭谨处世，师严才能使学生在严格的教学训练中学得中规中矩，使得技理并精。重道才能尊敬师长，严守武德规范；重道方能不畏苦累，执著追求，悟出个中真谛。

[师父领进门，修行在个人] 武术运动的锻炼包括学与练两步。教师的责任就是引导学生学会武术动作，掌握锻炼方法。学生学会和掌握了，就算领进了门。练是掌握武术技术动作、获得武术功用的根本手段。只有通过个人的努力锻炼，才能将教师传授的技艺变成自己的功夫，并且在坚持不懈的修习过程中，体验技法，领悟拳理，步入"青出于蓝而胜于

蓝"的境界。也只有通过个人的努力锻炼，才能获得强身健体、陶冶情操的功效。

[冬练三九，夏练三伏]　指练武功要能吃苦、坚持不懈。只有在最艰苦的自然环境中磨炼并持之以恒，武艺方能达到较高水平。

[内练一口气，外练筋骨皮]　武术运动要求"内练"与"外练"统一，外形与内气协调一致。既锻炼肌肉、骨骼、皮肤等体表组织，又锻炼内部气息，收到内外兼修的锻炼效果。

[平时练，急时用，平时松，急时穷]　人们练武主要是为了自卫。如果平时练得好，紧急时刻招数就用得上。假如平时松松垮垮，没有练出什么真本领，事急时必然手忙脚乱，惊慌失措。

[拳艺在身不在嘴，闲话少说多踢腿]　指耍嘴皮、夸夸其谈的人，功夫是很难学上身的。踢腿是武术中运用得最普遍的基本功练习，勤做踢腿等练习，日久天长，技术水平自然会有长进。说的就是练武最强调实干精神。

[坐如钟，立如松，行如风，卧如弓]　指习武者平时坐、立、行、卧日常行动的准则。坐要像大钟置于案，端端正正，不偏不倚，使躯干自然正直，这一点对青少年尤其重要。立要以挺拔如劲松之立于地，不要歪斜扭曲，这对保持人的形体美，促进呼吸、消化和血液循环系统的工作有好处。行要像风一样疾速而过，不要拖泥带水，疲疲沓沓，这样对锻炼机体内部器官和人的气质颇有裨益。卧指睡眠的姿势，一般要求以侧卧（向右侧卧更好），腿部微屈为宜。

[教不严，拳必歪，守不专，拳必滥，练不苦，拳必空]　指的是教、守、练与拳技的关系。教者要求不严，学习者的拳架、招式就不会规范。学习者心志不专，其技艺必然驳杂而低劣。练拳不刻苦，身上自然空虚无功夫。

[学拳容易改拳难]　强调初学武术时应力求动作规范，方法正确。始学不严，有错不纠，不求甚解，不明细节，一旦形成错误的动力定型，要消除错误的习惯动作，重建正确的动力定型就特别费劲了。

[不怕千招会，只怕一招熟]　指武术方法不在多，而在精熟。拳不在多而在熟，在广学千招的基础上，应以博而约为原则，精练几招，至熟为主。避免贪多嚼不烂，纵会千招也无用，而一招精绝便可制胜。

[学会三天，练好三年]　谚语中的"三"是概数。"三天"喻时间之短，"三年"喻时间之长。意思是短期内可学会一些招法或套路，但要练好它，只有通过长期钻研，反复练习，才能由会到熟，由熟到悟，逐步达到好的程度。

[拳为武艺之源，棍为百兵之祖]　武术的技术内容可以分为徒手技术和持械技术。"拳为械之本"，拳术是学练器械的基础，可将手持器械的演练视为手臂的延长，因此，练好徒手拳术，再学器械就容易一些。武术器械形状多样，有长的、短的、软的、有刃的、有刺的、带钩的等。学练器械应先学棍，因为棍无刃、无刺、无钩，可长可短，既易制作又易习练。棍练好了，掌握了身械协调的基本规律，再学习其他器械就容易掌握了。

[未习打，先练桩]　指习武练拳，先要练习桩功。桩功是武术基础功法之一。桩功练习可以增强腿部力量和动作的稳定性。为学习套路技术和散打技术打下坚实基础。

[打拳不遛腿，必是冒失鬼]　形容遛腿即踢腿的重要性。踢腿具有锻炼提高下肢动转幅度和变换灵便的作用，还可作为每次练拳开始时的专项准备活动内容之一。如果光学动作而不遛腿，不仅下肢动转幅度得不到提高，下肢不灵活，而且行拳和攻防格斗时容易拉伤肌肉或站立不稳。因此，即使套路动作学得再多，也不过是个根基不深的冒失鬼。

[只压不遛不中用，只遛不压笨如牛] "压"指压腿、耗腿、搬腿、撕腿等腿部柔功静压法。"遛"指摆腿、踢腿等柔功动转法。"压"能提高肌肉的伸展性，加大关节活动幅度。"遛"能提高肌肉快速收缩的爆发力和灵活性。只压不遛，腿软而无力，当然不中用；只遛不压，腿重而不活，愚笨如牛。只有两者结合练习，才能获得幅度大、速度快、力量强的腿技。

[练拳不活腰，终究艺不高] 武术技法非常重视腰的作用，外形动作要以腰为轴，带动四肢，上下相随，左右相顾。内劲蓄发要以腰脊发力，在丹田气的配合下，上经旋腰转脊旋膀转腕行于手指，下经旋胯转踝达于足趾。腰如一身之宰，如果腰不柔和，又不下工夫去练，其武术技艺终究是提高不了的。

[拳是两扇门，全靠腿打人] 此谚语强调在徒手搏斗中，双手发挥防护、引诱、掩蔽的作用，以腿发挥攻击对手的功用。由于人的上肢运转灵活，寓意为门，开可诱敌深入，闭可防敌进攻，同时以腿法攻击对方，能发挥出比上肢更大的攻击力。

[出手不见手，拳打人不知] 指攻防格斗时，出手要快而隐蔽。出其不意，使对方躲闪不及，以迅雷不及掩耳之势击打对方才有效果。

[步不稳则拳乱，步不快则拳慢] 说明步法在武术活动过程中的重要性，也说明脚步动作和出拳动作是相互关联的。如果步不稳，上体动作没有稳固的支撑，就会动作发飘，发力不实，手法散乱。如果脚步移动迟缓，则会限制上肢的快速移动，使拳法动作欲速则不达。

[一寸长，一寸强] 又称"长一寸，强一寸"，指无论徒手实战或持器械对抗，双方都以击中对手为目的。此时，如有一方能多争取到一寸之长，则可能先于对方得手，而取得胜利。所以练武是应尽量放大动作幅度，以加强攻击力。所谓"放长击远"就是这个意思。

[远拳近肘贴身靠] 和这条谚语相类似的还有"远则拳打脚踢，近则擒拿摔跌""远则手足上中下，近则肩肘背膝胯"。它们的含义一致，说明武术运用身体任一部位都可以攻击对方，关键要根据双方距离的远近，随机选用。

[柔过渡，刚落点] 指的是武术发劲方法的一般特点。发劲动作处于过渡、变转过程时，肌肉要相对放松、柔缓。当发劲动作接近目标时，加强肌肉收缩，刚硬沉实地击中目标，体现出刚柔相济的武术劲力。

[顺人之势，借人之力] 指双方较技时要顺势借力。当对方向己方进攻时，己方应顺对方来势，借对方来力而使用技法，即"四两拨千斤"之意。

[眼无神，拳无魂] 在武术运动中要求以眼神表达动作的攻防意味，展示个人内在的精神气质。而动作的攻防含义与对抗意识、练习者的气质禀赋正是武术拳技的内涵所在，恰如人之魂灵。因此在武术动作的演练中应该努力做到"手眼相随，手到眼到"。

[有人若无人，无人似有人] 指在武术练习过程中心目中要有假设的对手，每一招式都要讲究攻防意识，带有敌情观念。但在比武较技时，虽面对强手，也要在战略上藐视对方，在气势上压倒对方。即"练时无敌如有敌，打时有敌若无敌"。

[有力夺正中，无力闪两旁] 指的是比武较技时的策略。"有力""无力"是相对而言的，泛指力量的大小。与人搏斗时，遇到对方力量不如自己，可直接攻击对方正面，先发制人，速战速决。如果遇到的对手比自己强大，则应闪开对方正中，而绕至对手的两边，攻其侧面或背后，后发制人，击其要害。

[来得高往上挑，来得矮往下斩，不高不矮左右排]　指的是徒手搏斗中防守格挡的基本方法。如果对方进攻招法来得高，可用上挑或上架的动作，将其挡开。如果对方的进攻招数来得低，则用向下截、斩、砍的动作，将其化解。如果对方进攻招法来得不高不低，则可用向左右的格挡动作向内或向外排挡化开。

[你忙我不忙，两手护胸膛，你慌我不慌，两手护中央]　"忙""慌"均指快的意思。双方交手，当对方招法来得很快，自己不要以快对快，被对方牵着鼻子走，而应在保护自己要害部位的同时，采取以慢制快、以柔克刚的策略，先避其锋芒，再伺机还击。

[蓄力如弓，发力如箭，先蓄后发]　指的是武术发劲力的方法。无论是练武或比武，发招进攻之前，拳、脚都要运足气力，"引而不发"，当发招进击之时，要将蓄势运足的气力如离弦之箭直向对方射去，击打速度要快、准、狠。

[迈步如猫行，运劲如抽丝]　"猫行"比喻动作轻灵，"抽丝"比喻连绵不断。此谚语的意思是指练习太极拳时，脚步的起落、进退要轻巧灵活；臂、腿用力要微微使劲，像春蚕吐丝一样细长均匀，连绵不断。这是太极拳的技术要领之一。

[刀如猛虎，剑似飞凤]　此谚语喻指单刀和单剑两种截然不同的运动特点。单刀舞练起来忽绕身缠裹，忽远出长击，刀快步疾，威武勇猛。剑则讲究轻灵、潇洒，演练起来忽如蜻蜓点水，忽如彩蝶穿花，红缨青锋变化多端，气势贯穿。故以凤之飞态比喻剑的运动特点。

[单刀看手，双刀看走]　"单刀看手"指单手握刀演练和运用刀法时，要注意另一手的配合。配合得好，动作就顺遂协调。如果配合不好，便如缺了一只胳膊，甚至还会影响刀法动作。"双刀看走"指两手各持一刀演练时，要注意刀法的配合。双刀多两手同时动作的舞花和向同一方向运动的动作。步伐如果配合得当，刀花则快速有力。

[枪扎一条线，棍打一大片]　这是指枪和棍具有不同的练习方法和不同的运动风格。枪法注重直扎以发挥枪尖的技击功用。扎枪时枪尖对准目标刺出，其运动轨迹是枪尖与目标之间的连线。用枪时多采用连扎几枪的衔接方法，故说枪扎一条线。棍因无枪头，因此多用抢、劈、扫、舞花等圆线横扫动作，幅度较大，一打就是一片。棍练起来梢把互换、棍法密集、快速勇猛，因此还有"枪如游龙棍如雨"的形容。

[一胆二力三功夫]　指武术交手实战的三大要素，即胆气、力量、技艺。这三者在武术对抗中缺一不可，尤以胆气为先。明戚继光《拳经捷要篇》三十二势："对敌若无胆向先，空白眼明手便"。次之为力，力大可以降巧。此处的力，泛指身体素质和体能。再次之为技艺，即武术的攻防击打方法，有招方能搏人制胜。

第三节　武术自学自练的原则与方法

武术运动内容丰富多彩，技法复杂多变，对学习者在多方面有较高的要求，在自学自练武术的过程中，只有遵循正确的练习原则、采取恰当的方法，才有可能取得事半功倍的效果。

一、自学自练武术的原则

（一）少而精原则

少而精原则是指在练习武术的过程中，应根据自身的情况选择少量的武术内容进行反复练习，以达到精益求精的程度，而不能贪多求全。

武术内容丰富多彩，浩如烟海，且技术风格各不相同。例如，长拳、南拳、太极拳等拳种，技术要求相差很大，有时技术要领甚至互相矛盾。如果在一种拳术没有很好掌握的情况下练习另一种拳术，不但不能提高技术水平，有时甚至会相互干扰，使技术水平不升反降。即使是同一拳种，拳术与拳术之间、器械与器械之间也存在差异，比如剑和棍的技法要求就有很大不同，如果为了贪多求全，则可能什么都练不好。因此，练习武术最重要的是选择适合自身练习的内容，在少量的基础上，反复练习，精益求精，使自身的技术水平不断提高。等技术水平上升到一定层次，再练习其他的武术内容，很快就会融会贯通，从而达到事半功倍的效果。谚语说："不怕千招会，就怕一招精"，说的就是这个道理。

（二）循序渐进原则

循序渐进原则是指练习武术时应遵循由易到难、由简到繁的原则。

无论是套路运动还是搏斗运动，都是既有简单的技术动作，也有复杂的技术动作，既有容易完成的动作，也有难度较大的技术动作。自己在习练武术时，应该首先在练好简单的和容易完成的技术动作基础上，再练习难度较大或技术较为复杂的动作。比如，在习练腾空飞脚等难度较大、技术较为复杂的跳跃动作之前，应事先习练好不腾空的拍脚等容易完成而技术相对简单的动作。另外，在习练搏斗运动时，应按照先习练原地空击技术、"喂靶"练习，再习练条件实战和实战的顺序进行。这样，一是会有事半功倍的效果，二是可以有效地避免伤害事故，另外，还可以增强自己学练武术的信心。

（三）持之以恒原则

持之以恒原则是指习练武术应有毅力、有恒心，长久地坚持系统的训练。

谚语说："一日练一日功，一日不练十日空。"这句话虽然有些夸张的成分，但它强调了持之以恒的重要性。首先从掌握动作规格和提高动作质量来看，习练武术技术动作是一个不断形成和强化条件反射的过程。只有坚持长期的练习，才能形成良好的神经肌肉联系，使武技逐步精湛。另外，从能量物质的"超量恢复"原理来看，运动时的能量物质只有不断地消耗和恢复，体内能量物质的储备和各组织器官的营养供给才能不断地增强和改善，从而有效提高身体各部位的机能。

（四）平衡发展原则

平衡发展原则是指在学练武术的过程中，应保持上与下、左与右、内与外的平衡协调发展。

和谐的发展观是中国武术的重要特色。在习练武术的过程中，既要做到上肢与下肢、左侧肢体与右侧肢体，拳法与腿法、摔法等各种技法的平衡协调发展，还应该内外兼修、形神兼备。除此以外，在动作技术与身体素质、身体机能方面也应做到平衡协调发展。从传统的武术理论来讲，就是要求阴阳平衡、刚柔相济、天人合一。

（五）术道并重原则

术道并重原则是指在习练武术的过程中，既要尚武，也要崇德，对武技和武德要同等重视，同时修炼，并行发展。

由于武术攻防格斗技术是一种战斗的技术，容易导致伤害事故，因此。必须要强调道德的约束作用。谚语讲"拳以德立，德为艺先。"重视武德的修养是中国武术的一大特色和优良传统。练习武术，首先应强调与修身的统一，即练武不仅是为掌握技击技术或健身娱乐，更是一种人生态度与人格的修养，练武即是修身，习练武术是人生品德修养的重要途径与方法。习练武术，除了要加强伦理道德的修养和遵纪守法的观念外，还要在长期的习练过程中，有意识地培养自己百折不挠、勇于进取、吃苦耐劳等优良的意志品质。

二、自学自练武术的注意事项

（一）重视准备活动与整理活动

重视准备活动，就是要在习练武术之前，把身体各运动器官和内脏器官动员起来，以适应武术专项活动的需要，避免伤害事故的发生。重视整理活动，就是要在习练武术之后，使身体从紧张的运动状态逐渐过渡到安静状态，加速身体的恢复。

众所周知，适当的准备活动，不仅能够使人体代谢水平提高，使体温上升，提高循环、呼吸等内脏器官的机能水平，还可以使大脑皮质兴奋性处于适宜的水平，促进参与运动的有关中枢神经间的协调。这不仅可以有效地避免运动损伤的发生，还可以使自己以一种良好的情绪投入到运动之中。

整理活动不仅有促使肌肉放松的作用，还能够有效避免因突然的静止不动，而妨碍强烈的呼吸动作，影响机体氧的补充；还可防止静脉回流受阻，心输出量骤然减少，血压急剧下降；造成暂时的脑贫血，从而产生一系列不舒服的感觉，甚至是休克。

（二）重视基本功与基本动作

武术基本功是指为更好地掌握武术技法，发展某项专门素质的基础功法练习。武术基本动作是指武术技法中最基础、最有代表性的动作。

谚语讲："未学功夫，先学踢腿，未学拳头，先学站马。"说明了基本功与基本动作在武术中的重要性。武术基本功与基本动作总是紧密地结合在一起，而且基本功往往通过基本动作表现出来。重视和加强基本功与基本动作的练习，对于尽快准确地掌握武术技法、全面提高武术动作质量、避免伤害事故的发生、延长运动寿命、提高专项身体素质都有着十分重要的意义。

（三）重视武术基本技法

武术的基本技法主要是指演练武术的基本技术要求及其带有规律性的运动方法。比如，对于长拳来讲，身体姿势的要求是"头正、颈直、沉肩、挺胸、立腰"，发力动作的一般要求是"起于根，顺于中，达于梢"，眼法要求是"手到眼到""手眼相随"等。而太极拳的基本技法要求则是身体姿势要"虚领顶劲、沉肩坠肘、舒掌塌腕、含胸拔背、尾闾中正"，动作则要求缓慢柔和、处处有弧线。散打运动对技术的总体要求是步法活、预兆小、动作快、力量重、力点准、方法巧。无论是练习套路运动，还是搏斗运动，无论是练习拳术，还是练习器械，都要重视其基本技法，只有在反复的练习之中，不断钻研、体会并提高所练内容的基本技法，才能够使自己的技术水平达到一定的高度。

三、自学自练武术的方法与手段

（一）单操练习法

单操练习法是指对武术的单个动作进行反复操练的练习方法。对于武术中的重点动作，或自己掌握比较薄弱的动作，以及某些难度动作或复杂动作，进行反复的锤炼，能够较快地提高这些动作的质量。比如枪法中的"扎枪"这个动作，既是枪法中的基本动作，又是重点动作，其要求是"枪扎一条线"。刚开始练习扎枪时，不容易达到这个要求，只有通过反复的操练，才能逐步达到其基本要求。

（二）组合练习法

组合练习法是指将武术中的几个动作串联起来进行练习的方法。它是提高武术套路成套演练的质量和搏斗运动连续击打能力的十分重要的方法，练习时应重点掌握动作与动作之间的节奏以及连接技巧等内在规律。将单操练习法和组合练习法结合运用，能够迅速提高武术技术水平。

（三）成套练习法

成套练习法是指把武术套路的整套串联起来进行练习的方法。其主要目的是提高各组合动作在整套演练中的稳定性，以及各组合与组合之间、段与段之间节奏的处理能力和体力的分配合理性。它是提高武术套路整套演练质量的必要练习方法。成套练习法通常在单操练习和组合练习的基础上进行，一般在比赛前运用较多。

（四）超套练习法

超套练习法是指将超过整套的武术套路串联起来进行练习的方法。比如，在整套的基础上再加一段、加两段、加三段或加整套进行练习。由于这种方法一次练习的负荷要大于整套练习的负荷，其目的是提高武术套路整套练习的耐力。因此，应恰当运用，避免负荷过大而引起运动伤病。这种方法一般在比赛前运用较多。

（五）静耗练习法

静耗练习法是指把武术的动作在某种状态下保持静止姿势一定时间，以提高人体肌肉本体感觉的练习方法。初练某些动作由于肌肉的本体感觉差，不能有效控制动作而经常出现错误时，宜采用静耗体验的方法来增强肌肉的本体感觉。比如，如果马步、弓步、亮掌等武术动作经常不能达到标准姿势，就应该采用马步桩、弓步桩、定势亮掌等静止姿势的练习加以纠正。蹁腿时身体姿势和腿的位置不对，可以将正确的动作姿势保持一定时间，以增强肌肉感觉。

（六）对镜练习法

对镜练习法是指在平面镜前练习武术动作，以平面镜为视觉信息反馈来源的练习方法。由于初练武术时，肌肉的本体感觉较差，不能正确判断自己的动作是否正确，可以借助平面镜来观察，从而加以纠正。如果是为了纠正或提高自己的定势动作，对镜练习法和静耗练习法结合运用，效果更佳。对镜练习法还可用于改进那些结构较为简单、方向变化并不复杂的动作的节奏、速度、动态的姿势等。在进行武术的攻防格斗练习时，也可采用对镜练习法，以镜子中的自己为对手进行攻防练习，用以提高动作质量或攻防技巧等。

（七）默想练习法

默想练习法是指通过意念活动，在大脑中重现已获得的动作表象，以达到强化武术运动技能的练习方法。练习时通常要求身体放松，精神集中，按照动作的顺序回忆动作过程，主要加深运动表象的正确性与清晰度。默想练习也可结合手脚和身体的比划进行，可以强化神经肌肉之间的联系，形成程式化的反射。这样既可用于提高动作和套路的熟练程度，也可体会动作和套路内在的用力方法、节奏以及技巧等。

（八）空击练习法

空击练习法是指在练习武术的攻防格斗技术时，以空击为手段提高动作质量的练习方法。进行空击练习时，由于没有对抗，也不需要击打的准确性，因此难度较低，便于在保证动作正确的前提下，提高动作的速度、节奏、连贯性以及协调性。空击练习不仅是练习攻防格斗初级阶段的必要方法和主要方法，在高级阶段，也经常采用，其目的是在难度较低的情况下强化神经肌肉联系，强化动力定型。

（九）影子练习法

影子练习法又称假想练习法，是与自己的影子或假想的对手进行攻防练习的方法，是一种特定的空击练习法。在练习时，应该思想集中，并积极地进行想象，尽量与实战的节奏、动作速度、技法技巧等相同或接近。

（十）击打练习法

击打练习法是指通过击打一定的物体用以提高击打能力的练习方法。常见的击打物体有靶子、沙袋、速度球、千层纸、木人桩等，根据不同的目的加以选择运用。比如，为了提高击打的准确性，可以击打移动靶；为了提高击打的力量，可以击打重沙袋；为了提高击打的速度，可以击打速度球；为了提高击打的硬度，可以击打千层纸、木桩、石柱等；为了提高击打的有效性，可以击打木人桩等。

（十一）游戏与比赛练习法

游戏与比赛练习法是指运用游戏和比赛的方式进行练习的方法。其显著的特点是具有竞争性，可提高练习的兴趣、积极性和进取精神。该方法应该在技术动作方法掌握得较为牢固和熟练的情况下运用；否则，在竞争的情况下由于求胜心切，容易破坏技术动作的结构和完整性，长此以往，会形成错误的动作定型，不容易改正。该方法既可用于技战术训练，也可用于身体训练，既可在准备活动阶段进行，也可在基本练习阶段和结束之前运用，因此应用范围较广。另外，该方法还可培养遵纪、协作、乐群、勇于竞争等优良的心理品质。当然，该方法要有一定的伙伴共同练习，独自一人则无法进行。

（十二）实战练习法

实战练习法是指通过两人的直接对抗用以提高攻防能力的练习方法，包括条件实战和实战两种形式。条件实战是在限定一定的攻防条件的情况下进行的对抗练习，针对性强，能有效提高某方面的攻防能力；实战则是按照正式的比赛规则进行攻防练习的形式，是总结、积累实战经验的必要措施。谚语说："既得艺，必试敌。"条件实战和实战练习是提高攻防能力的不二法则，只有通过长时间的条件实战和实战，才能找到攻防格斗的技巧和规律。由于条件实战和实战对抗性强、强度大，容易发生伤害事故，因此，应在体力较好的情况下运用。

思考题

1.武术图解知识包括哪些内容？

2.识图自学应注意哪些问题？

3.武术谚语有哪些特点？

4.自学自练武术的原则有哪些？

5.自学自练武术有哪些注意事项？

6.自学自练武术的方法和手段有哪些？

第三章

武术教学

第一节 武术教学的特点与要求

一、武术教学的特点

（一）重视尚武崇德的思想教育

"尚武"指倡导和参与武术锻炼，以求强身健体、自强不息，培养勇敢面对现实、不断超越的竞争意识。"崇德"指推崇道德修养，诚信正直，谦和忍让，见义勇为，遵守社会公德，恪守文化规范。

武术教学要结合武术的特点及教学规律，重视对学生进行尚武崇德的思想教育，明确习武目的，端正学习动机；培养学生虚心好学，苦练不辍的学风，抵制好勇斗狠、恃强凌弱等恶习的侵蚀；发扬尊师爱生的优良传统习尚，加强遵纪守法的道德教育。

（二）注重直观教学，以领做为主

在武术教学中，学生常遇到的是"三多"问题，一是动作数量多，无论徒手或器械，每一个套路都有十多个或数十个动作；二是方向和路线变化多，往返折叠，左旋右转，路线复杂；三是每个动作包含的因素多，手眼身步的协调，精神气力功的配合等。此外，动作之间的前后衔接是否连贯、节奏是否分明等问题时常困扰初学者。因此，武术教学历来讲究"口传身授"，即教师格外注重直观的演示，身体力行，多以领做为主，配合语言提示，使学生通过反复练习掌握动作。

武术教学可通过各种技术录像或光盘进行直观教学，这种方式具有技术动作规范统一、可反复对照的特点，具备条件的学校可通过大屏幕电视现场进行对照演练，配合教师的示范、讲解。

（三）结合攻防动作讲解示范

源于战斗、搏击技术素材加以总结的武术运动，其动作具有攻防技击含义。因此，在教

学中教师应结合武术动作的攻防性质讲解示范，使学生明确动作的技击意义，加深对动作的理解，提高学习武术的兴趣，帮助学生正确掌握动作。

教学中要结合武德教育，着重体现攻防动作的防身自卫实用价值和作用。

（四）强调动作规范，突出不同拳种风格

在武术教学中，当学生已经弄清动作的往返路线后，教师应进一步强调动作的准确性，要求动作符合规格，做到"势正招圆"。另外，还要突出劲力和精神，做到劲力饱满、精神抖擞、内外合一，这样才能反映武术的技击特点。

不同的武术组合或套路，表现的拳种风格各异，规范地掌握这些组合或套路，才能表现拳种技术特点。技术动作是表现拳种风格的前提和基础，劲力、节奏、结构和精神是演练风格各异的武术套路的关键。

（五）注重内外兼修，提高演练技巧

武术套路内外兼修的特点十分突出，"内"是指心、神、意等心智活动和气息的运行，"外"是指手、眼、身、步等形体活动。内与外、形与神是相互联系的统一整体，习武可以全面提高人体的机能。在教学中应通过各种方式和方法强调内与外的和谐配合，达到身心的全面锻炼。

任何技术动作的掌握都有一定技巧，了解这些技巧会有效地促进对技术动作的规范掌握。武术组合或套路的掌握必须建立在熟练的基础上，熟能生巧，巧可促练。只有达到了一定的熟练程度，才能够娴熟地演练组合或套路，做到心动形随、形断意连、出神入化、内外兼修、体现风格。

二、武术教学的要求

（一）注重示范教学，运用多种形式教学

武术技术动作的复杂性决定了教师必须注重示范教学。示范是主体将武术技术动作以原本的"影像"，以真实的方式向受体传递的过程。示范可为教师、学生、技术录像、光盘、计算机等媒体。示范力求规范、真实，规范的示范为受体建立正确的技术动作表象，对形成正确的技术动作动力定型产生积极的影响。示范要有感染力，这种感染力来自武术技术动作的攻防意义和艺术表现方面。对初学者来说，具有较强感染力的动作会产生极大的吸引力。富有感染力的示范不仅能够吸引学生的注意力、引发他们的兴趣，还能树立示范者的权威地位。

现代教育技术为教学提供了极大的便利，教师在直观性强的武术教学中应充分运用多种形式进行教学，以求达到更好的教学效果。人体对信息的接受渠道越多，对信息的感知就越全面。在武术教学中除通过视、听、触，以及肢体的本体感觉的感知外，还可借助心理念动、人机对话等形式强化信息，帮助运动技能的形成。

（二）了解各拳种风格和特点

武术拳种丰富，流派众多，拳种风格和特点差异较大。在武术教学中，应注重介绍拳种的风格和特点。每个拳种的风格和特点都是通过典型的技术动作加以表现的，如长拳舒展大

方、快速有力、动迅静定、节奏鲜明；太极拳缓慢柔和、刚柔内含、体松心静、势势相连、形意融合；南拳则是拳势刚劲、步伐稳固、发力发声、以气催力、手法丰富等。拳种风格和特点的体现可通过教师的组合、套路演练，或通过技术录像、光盘予以呈现。

在较全面掌握拳种的技术和理论基础上，需要注重教学精细环节，针对能够体现特点和风格的技术动作进行高水平示范和深入讲解，反复地练习，使学生充分掌握技术结构和动作过程，全面掌握套路风格。

（三）提高安全教育意识

武术教学中隐藏着诸多不安全的因素，轻视或忽视对学生进行安全教育将会出现严重教学事故。教师应在课前、课中和课后经常性地进行安全检查和教育。

安全教育是对学生的关怀，是素质教育中的重要环节。树立以人为本的教育理念，务必将人的身心安全因素放在重要地位。武术教学中应使学生明确武术习练的目的是强身健体，绝不能在身体素质达不到的情况下，盲目练习高难度动作。在散打实战练习中，绝不能斗狠，而应是从中体验攻防含义。珍惜生命、爱护身体还要通过武术课堂的各种练习不断适应各种气候、场地、训练强度，以提高机体适应能力，达到对自身健康安全保护的目的。

第二节　武术教学法

一、指导法

（一）讲解

讲解要做到目的明确、重点突出、用语简练；要根据不同的内容，采取不同的方法；要富于趣味性和启发性，并注意讲解的时机和效果。

1.讲解的内容

（1）**基本技法**　指武术动作中经常出现的有规律性的技巧和方法，如拳收到腰际抱拳时总是拳心向上，而冲拳、推掌总是要求拧腰、顺肩。

（2）**动作规格**　讲解动作规格可使学生明确动作标准，有助于技术的掌握和提高。

（3）**攻防意义**　使学生明确动作的实质，有助于学生准确理解、掌握动作要领和使用方法。

（4）**关键环节**　讲解掌握动作的关键所在，能帮助学生较快地学会动作。

（5）**易犯错误**　对易犯错误的动作进行讲解，可以防止此类错误的再次发生。

2.讲解的方法

（1）**术语化讲解**　指运用动作名称和武术术语进行讲解。动作名称是根据动作结构、形象和运动方法而取名，一般能表达动作的全貌，如"弓步冲拳""马步架打"等；顺序上一般先讲下肢，再讲上肢，然后讲上下肢配合。

（2）**形象化讲解**　指用自然景物和动物来比喻动作，便于理解和记忆。如"提膝亮掌"犹如金鸡独立，将"仆步穿掌"比喻为燕子抄水。

（3）**单词化讲解**　指把动作过程归纳为简明、扼要的几个字进行讲解。如"腾空飞脚"可把蹬地起跳、摆腿、提腰提气、拍手拍脚击响的过程，归纳为"蹬、摆、提、拍"4个字讲解。

（4）口诀化讲解　指把动作和动作要领按顺序编成顺口溜的讲解。如讲弓步，口诀可为"前腿弓、后腿绷、挺胸立腰莫晃动"。讲冲拳、推掌的高度要求，口诀可为"冲拳不过肩，掌指齐眉尖"。

讲解可根据学生学习程度不同，采取精讲或泛讲。学生初学时，不宜过多地用语言分散其注意力，可精讲动作要领。对于有一定基础或学生对技术掌握达到一定程度时，可深入讲解。

（二）示范

示范要做到准确、熟练、优美，并突出武术特点，使学生了解所学动作的形象、结构、完成顺序，是学生通过直观的感性认识获得动作概貌的主要手段。

1.完整示范

能使学生了解动作全貌，形成完整的概念。在下列情况下可运用完整示范。

（1）首次作为教学内容的武术动作。

（2）教学内容为结构简单、难度不大的武术动作。

（3）教学对象为有一定武术基础的学生。

2.分解示范

分解示范便于学生了解动作细节，从而更加准确、完整地掌握动作。在下列情况下可运用分解示范。

（1）结构、方向和路线较为复杂繁难的动作。可将这类动作分为上肢动作和下肢动作，然后按动作的难易顺序分别分解示范，或将动作分为几个小节来示范教学。

（2）含攻防因素较多的动作。可按动作的攻防特征，通过分解动作的攻防用意来示范教学。

（3）不易完成的跳跃动作、翻腾动作、滚翻动作、跌仆等动作。

（4）展示高难度动作、复杂动作、节奏、风格。

分解示范是为了使学生更快地掌握动作，但不宜将动作分解得过细，应尽快地向学习完整动作过渡。在需要分解示范的教学过程中，一般应遵循"完整—分解—完整"的原则。

3.示范位置、示范面与示范速度

要根据示范目的、对象以及要解决的问题，合理选择示范位置、示范面和示范速度。

（1）示范位置　教师示范位置的选择应根据学生的人数和队形来决定，以尽量让全体学生看得见为原则。一般站在以横队头排为底边的等腰三角形的顶点；二列横队相对站立时，教师站在中间示范；若是四列横队，可以让前两列学生坐下或蹲下。示范要尽量避免学生向阳光或迎风，要有利于学生观察。纵队行进时，应选在顶点略靠前进方向处。

（2）示范面　教学中经常采用的示范面有正面、背面、侧面和镜面四种。单个动作可采用正面和侧面示范；组合或套路动作可采用背面示范；领做武术操或准备活动时可采用镜面示范。为了使学生明确不同方位动作的特点，同一动作也可用几种示范面，如马步动作，为了使学生清楚两脚开立的宽度和脚尖对的方向，可采用正面示范；要看清挺胸、立腰以及膝关节不能超过脚尖的规格，可采用侧面示范。

（3）**示范速度**　示范速度可分为慢速、常速和快速三种。新授教材时，先进行正常速度的完整示范；对于较难掌握的动作可进行慢速示范；表现某一技术动作特点时，可用快速示范方式。

示范和讲解应有机地结合起来。武术教材多采用边讲解、边示范，先讲解、后示范或先示范、后讲解的教学方法。对于新的教学内容或基础较差的学生，以示范为主；对于复习教学内容或基础较好的学生则以讲解为主。

（三）领做与口令

领做与口令指挥是教师示范和讲解的一种特殊形式，也是武术教学的主要手段。它可以引导学生尽快掌握动作，也便于统一学生行动。

1.领做

领做是教师实地做动作带领学生进行模仿练习，使学生初步掌握武术套路动作的结构、方向和路线。领做时一般应注意以下几点。

（1）**领做位置要恰当**　进行组合和套路教学时，教师一般站在套路运动方向的斜前方，与学生的运动方向一致。当动作方向发生改变时，教师可通过让学生重做或采取口头提示要领的方法，及时变换位置，继续领做。

（2）**领做与口令指挥相配合**　教师动作速度应稍慢一点，便于学生观察、模仿，同时配合简明的语言提示或口令指挥。如"搂左手，冲右拳"，以求提高领做效果。

2.口令

当学生已经基本掌握动作方向和路线后，教师可用口令指挥学生练习。武术教学中运用口令的节奏和声调的高低，一定要根据动作结构特点有所变化，以表现出武术演练的韵律。

（1）**常规口令**　即一动一个呼号，这种口令适用于基本功和基本动作练习。如有些动作需要分解成两个或两个以上动作连贯练习时，可在原有一拍一动的基础上附加口令。注意发力动作的口令要短促、洪亮有力，过渡性动作的口令要柔缓。

（2）**提示性口令**　指在动令之前，用动作名称或简明术语作为预令进行启发提示。如"搂手冲拳——1"。对容易遗忘或出错的动作，常用提示性口令。

（3）**单字口令**　将动作名称中最能突出攻防特点的一个或两个字作为口令进行教学指挥。如"搂手弓步冲拳"的呼号为"搂——打"，这种口令适合在学生基本掌握动作之后的练习中运用。

（4）**声响口令**　在学生掌握动作后，教师可运用声响口令形象地描述动作快慢等节奏。

（5）**音乐口令**　借助具有一定韵律的音乐指挥学生完成动作。

（四）纠正错误

纠正错误是教师帮助学生掌握正确动作的重要手段。一般常用的纠错方法有指导法、静耗体验、语言提示、对比分析等。

1.指导法

指导法是指教师通过对学生的练习进行评价，指导学生改正错误与不足的方法。

2.静耗体验

由于学生肌肉本体感觉差，不能有效控制动作而出现错误时，教师一般采用武术站桩的静耗、控腿等方法，让学生体会肌肉用力的感觉。

3.语言提示

由于学生遗忘动作或对动作要领不清楚而出现错误时，可以通过提示动作名称或动作要领来启发、诱导学生完成正确动作。

4.对比分析

由于学生不理解动作性质和作用，容易忽视动作之间存在的区别而出现错误时，教师可根据动作的攻防性质找出差异，通过正误对比示范，使学生明确正误动作的不同之处，达到帮助学生纠正错误的目的。

（五）解析

解析是教师对技术动作进行分析和深入的讲述，引导学生全面深刻了解和掌握与技术动作相关知识的教学方法。解析可明确规范动作标准，指出易犯错误的症结所在，提高演练技巧，提高攻防意识和能力。解析的方法一般可采用如下几种。

1.分析动作规律

对于结构性的动作，教师分析指出其规律，找出其特征，帮助学生通过对此类动作的再学习而产生技能迁移。

2.剖析制约环节

重、难点动作的共性在于关键环节制约着动作的掌握，教师须将具体动作的各种制约因素罗列出来，帮助学生剖析制约掌握动作的关键环节所在，并提供有效的解决方法。

3.讲评适用功能

教师可将技术动作潜在的攻防含义进行讲评，分析在不同情况下该动作的使用方法，并讲解类似的动作，让学生做到举一反三。

4.引导演练技巧

对能表现节奏、风格的动作或组合，教师要讲明节奏的变化原则，讲清风格表现手段，引导学生学会如何突出某些动作，以达到提高演练技巧的目的。

二、练习法

（一）练习方法

练习是学生在教师的指导下，通过亲自参与，掌握和巩固武术技能的主要方法。武术教学中经常运用的练习方法有如下几种。

1.模仿练习

学生进行模仿练习主要是为了弄清和记忆动作的结构、方向和路线。为了使模仿动作无遗漏、更准确，练习时可以把整个动作的完成过程浓缩成几个有代表性的字词，对学生进行语言刺激以帮助记忆。学生在模仿练习阶段，教师不要随意更换示范位置和方向，同时注意将事先培养的学生骨干或基础较好的学生安排在队伍前排以提高全体学生模仿练习的效果。同时，可采用观看录像等方式进行模仿练习。

2.重复练习

学生初步掌握动作后，必须坚持在指导下反复练习，以逐步形成正确的动力定型。教师对重复练习的形式、时间、次数，要根据教学内容的难易、学生掌握的程度，以及每次课的总时间来决定。学生进行重复练习时，教师要提出不同层次的具体要求，在激发学生兴趣的基础上，提高学生的唤醒状态，保证学生按照要求完成练习任务。

3.默想练习

默想是学生通过意念活动，在大脑中重复已获得的动作表象的一种内隐性活动，以达到强化武术运动技能的练习方法。该练习要求学生体验重新整合现实中的感觉——运动体验的感受，主要加深动作表象的正确性和清晰度。默想练习一般安排在学习新动作之后或复习之前，默想练习能帮助学生集中注意力，积极思维，加深动作印象。且能消除疲劳，调节运动负荷。默想时间一般不宜太长，每次1～3分钟。初学者最好在教师的指导下集体练习。

（二）练习形式

1.集体练习

集体练习是对全班或全组学生进行集中指导、共同练习的形式。集体练习节省教师讲解、示范时间，便于统一动作要求。学生精力集中，不仅可以形成正确的动力定型，而且可以培养学生顽强的意志品质和集体主义的精神风貌。武术教学多采用集体练习的形式，集体练习时，教师要及时纠正学生练习中存在的共性错误。

2.分组练习

分组练习是集中指导后，将全班或全组学生分成否干小组进行复习巩固的形式。分组练习一般安排在学生初步掌握新授内容后，由小组长或学生骨干带领本组学生进行练习。分组练习前，教师要提出练习的具体要求和注意事项，教师轮流指导，督促各组完成练习任务。

3.单人练习

单人练习是学生单独完成动作演练的形式。单人练习能消除学生对老师和同伴的依赖，使动作和思维结合，有利于学生独立进行动作记忆，掌握和巩固武术技法。教师可在学生练习的间歇时间里进行个别辅导，指出问题和要求，因人施教，诱导、激发学生的学习兴趣，使学生积极地练习，为终身锻炼奠定基础。

4.双人练习

双人练习是两人配对进行假设性攻防对练的形式。一般在教授对练组合、套路或练习攻防技术时采用双人练习方式。当学生了解和掌握了动作的规格要求与运动路线之后，两人一攻一防，慢速配合练习。该练习形式突出体现了武术的技击性和对抗性，有利于学生理解武术动作的攻防使用方法，逐步使学生消除攻防对抗中的惧怕心理，培养学生的勇敢顽强精神。双人练习时，教师要对学生加强安全教育和组织纪律教育，强调慢速轻打，点到为止，注意防止伤害事故的发生。

5.综合练习

综合练习是教师根据学生实际情况，为了进一步解决共性或个性问题、增强课堂气氛、提高教学效率而进行的综合上述方式的一种练习形式。

6.实战练习

实战练习主要是散打、防身术等攻防对抗所采用的练习形式。一般练习采用限制条件实战、指定进攻方实战、模拟实战等形式，旨在使学生体验实战的技术和战术。在此过程中，教师要格外注意安全教育、加强防护措施，避免技术实力悬殊者进行对抗。

三、评价法

（一）观察和提问

观察是教师在武术教学过程中，及时了解学生技术掌握程度最直接的方法。观察要有明确的目的，先看什么，后看什么，要有合理层次。教师的观察要做到心中有数，要善于发现并及时解决学生在练习中出现的问题，可在学生完成练习后口头评定练习中的长处，同时指出不足之处，使学生及时了解每次练习的效果，以利自我调整。

提问是教师随堂提出问题，并要求学生根据教学要求和自身体验做出回答。是教师了解学生对武术知识技能掌握情况的主要方法。提问的内容要简明，要与讲解的内容一致，如武术动作名称、动作要领、攻防方法等。同时，教师要掌握好提问的时机，以启发学生积极思维。

（二）抽查与测验

抽查是教师随堂让个别学生独立练习，检查武术动作是否正确、协调，武术组合或套路是否连贯熟练的一种方法。对接受能力强、武术基础好的学生和接受能力差、武术基础弱的学生均要重点抽查，以便于在教学中抓两头、带中间、照顾全局。

测验是教师对学生所学武术技术进行阶段考察或学期考核的方法。测验前，教师应根据教学基本要求和教学大纲确定的测验内容和范围，制定评分方法和标准；测验中要以学生现场独立演练水平为依据，作出实事求是的评价；测验后要认真进行教学总结，以便对下一阶段的教学工作进行改进，不断提高教学质量，争取实现最优化的教学效果。

（三）教学比赛

指在教学的不同阶段，根据任务和要求以及学生的实际情况，采用个人比赛、分组推选代表比赛、分组集体比赛等形式，达到复习巩固提高武术技能、客观反映教学效果的目的。这种比赛具有一定的竞争性，对于调动学生练习积极性、提高教学质量有重要作用。比赛内容可分为基本功和基本动作比赛，组合、套路或攻防搏击比赛。这种教学比赛可由教师评判或由学生评议与教师评判相结合来予以评定。

四、多媒体教学法

多媒体教学法是指运用现代教育技术手段进行各种形式教学的方法。

（一）多媒体教学内容

（1）武术组合、套路和散打全程演示。
（2）难度较大的技术动作。
（3）结构复杂的动作。

（4）学生练习的实况与规范动作对比。

（5）演示相关技术和理论资料。

（二）多媒体教学形式

1.观看技术录像、光盘

组织学生观看优秀运动员或骨干学生演示的技术动作录像、光盘。建立正确的技术动作概念，树立清晰的动作表象。研究表明，学生练习前观看技术录像比在中途观看效果好。

2.微格教学

微格教学（Microteaching）符合人类认知规律、行为心理学以及信息论等现代科学基本原理，从某种意义上说，微格教学就是一个信息互动和认识升华过程。教师可组织学生观看优秀教学技能示范，观看自己的动作练习回放，通过这些信息的反馈进行优劣对比，取长补短，不断改进动作。

3.多媒体课件教学

多种媒体并存，可以在学习者周围形成一个多维的信息场，多种形式的信息交互作用，对学生的刺激达到最佳，使学生注意力更易集中到学习上来。多媒体课件分为框面型、自动生成型、数据库型和人工智能型四种类型。教师可根据实际采取不同的课件进行教学，总体要求是充分利用计算机对图文的处理能力，将技术动作进行静止的、动态的、对比的多方位分析，寻找技术动作的关键环节，提供学习动作的最佳方案。

五、探究教学法

探究教学法是在教师引导下，学生从趣味性和挑战性的问题出发来获取知识、技能或解决问题的一种教学方法。

（一）探究教学内容

（1）武术组合或套路记忆问题。

（2）武术繁难动作掌握问题。

（3）武术图解识别和自学问题。

（4）武术动作改编创新问题。

（5）武术教法运用的问题。

（6）武术专项身体素质提高问题。

（二）探究教学形式

探究教学的特征主要表现在实践性、参与性、开放性、创造性、过程性、深层次的兴趣、深层次的思维等。学生的探究学习是在教师的指导和引导下的探究，学生探究的问题是经过设计和安排的问题。学生探究过程是开放的，方法是多样的，结果可以是多元的。武术课程运用探究教学必须是在学生掌握了一定基本功、基本动作和基础组合，有了一定的知识储备之后进行。

1.共同参与

教师将教学中学生遇到的各类问题进行专题教学，请学生参与探索各种帮助掌握动作的方法，最终教师提供比较有效的方案，为学生整理思路。

2. 自学任教

教师提前布置作业，请学生课下看图自学相关组合或段落，在第二次课上由学生执教，将学会的动作向全体学生传授，学生们在课堂上可以相互地纠正动作。教师可通过录像等方式提供规范的组合或段落演示。

3. 创新学习

武术课程的平时作业可由学生将掌握的组合或套路进行创编、改造，完成新的组合。教师可规定组合中应包含的动作组别，公布评价标准，课堂检查作业时客观地进行评判。

第三节　套路教学的步骤与要求

一、套路教学的步骤

武术套路是由数十个动作组成，包含动作的方向路线、架势结构、劲力特点、停歇顿挫、心志意向等要素。要使学生学会套路或组合，需要通过一定教学步骤使学生逐步掌握完整动作。

（一）基本动作学习

学生首先应学习的内容是武术的基本动作，基本动作是武术运动基础的技术构成要素，也是各拳种的共性技术成分。每个拳种都有独特的基本动作，在学习组合之前要进一步对这类动作进行学习。

（二）基本功练习

武术基本功是完成基本动作的必备专项素质。在学习组合和套路前必须练习和具备必要的武术基本功，以达到掌握基本动作的能力和技能。

（三）组合动作学习

为了更好地掌握武术套路，在掌握必要的基本动作后，应循序渐进地学习若干个组合动作。组合动作内容可分为手法组合、腿法组合、步形组合、腰法组合、跳跃组合，以及综合性的组合。

（四）套路学习

在掌握了一定基本技术素材后，可学习各类武术套路。套路的学习不仅是基本动作、组合动作的机械串联，而且要求学生掌握各拳种的技术特点，掌握各拳种风格。因此，在套路学习时要追求动作的协调配合，节奏、韵律的表现，内外的兼顾，攻防技击的领会。

（五）技术创新实践

通过套路的学习为学生积累了必要的技能，教师通过必要的武术理论讲解使学生明白技术创新的原则，放手请学生对基本动作、组合和套路进行标准的拆分、组合、创造实践，以提高学生的创新意识和能力。

二、套路教学

（一）重视基本技术动作和基本功教学

重视对基本动作和基本功的传授和练习，不仅能使学生身体各部位得到较全面的锻炼，还能较快地发展武术运动的专项身体素质，为掌握和提高组合和套路技术水平打下良好基础。

武术基本动作和基本功的内容较多，可以根据拳术套路的教材内容确定教学重点，围绕重点选择相应的基本动作和基本功，由易到难，步步深入。如选择"腾空飞脚"为教学重点，则可选择前俯压腿、前踢腿、前拍脚、交替摆腿等基本功和基本动作为一般练习，为腾空飞脚的学习创造有利条件。

（二）研究技术动作的趣味性

兴趣是学习的前提，兴趣分为直接兴趣和间接兴趣。直接兴趣来自于武术运动的技击特点、美学意义、健身价值等方面；间接兴趣源于对武术文化内涵的了解，对民族精神的体验。在武术教学中，教师要善于研究和提炼技术动作的兴趣属性，将辅助练习内容趣味化，形成生动的课堂气氛，调节学生的唤醒状态。考虑男女同学的兴趣差异，因人施教。讲授武术文化理论，使学生全面深刻掌握武术文化的底蕴，帮助形成持久的爱好。

（三）注重技术动作的规范性

技术动作掌握的规范程度受制于两个方面，一方面是教师传授的规范程度，另一方面是学生感受的真实程度。在教学中，教师认真备课，借助现代教育技术手段，力求传授规范技术动作，可加强规范陈述性提示提高学生动作练习质量。学生仔细体验技术动作，强化内隐式心理学习，力争做到将动作感受用简洁的语言说出来。同时，根据遗忘原理，安排作业要求学生当天复习，避免因泛化干扰规范动作记忆。

（四）围绕重点动作分节施教

分节教学就是把一套动作划分成若干小节，或将组合、套路中某些顺势连贯的小组合动作抽取出来进行教学。分节时要注意每一节中的教学重点不要过多，最好安排在每次课套路教学之前，在学生精力最充沛的时候传授。这样既能为组合或套路教学铺平道路，节省教学时间，又能保证学生对难度动作或复杂动作的多次重复练习和前后动作连接的完整性。

（五）结合攻防技术解析动作

为了使学生更明确攻防技术，适当介绍散打、对练、擒拿、防身术技术，通过这些技术的感性了解，能够有效地帮助学生在学习组合或套路动作时，联想攻防作用；另外，教师不失时机地解析动作的攻防含义，如"拆招""喂招"，使学生身体力行感受攻防作用，加深动作知觉。

（六）突出器械的基本技法教学

器械运动的最大特点是通过持械手对器械的支配和身法、步法等配合，发挥出器械的攻防效果和特长，表现其技法特色。因此，不同器械的组合或套路教学，首先要突出传授器械的基本技法，使学生了解和掌握器械各部位的名称、规格以及持械的方法，学会与教材内容有关的基本用法。如初学者在练习剑术时，往往握把太死，不会使腕力，体现不出剑法。因此，在学习剑术组合或套路之前，先介绍几个主要剑法，诸如剪腕花、刺、点、撩、挂等，体会用力顺序和力点，初步掌握后再学习组合，以做到持械方法准确，身械配合协调，体现剑法运动特点。

第四节　攻防教学的步骤与要求

一、攻防技术教学的步骤

攻防技术是运用武术踢、打、摔、拿等方法，以击败制服对方并保护自己为目的的技击技术。攻防技术没有固定的动作顺序，把充分发挥人体各个部位的技击功能作为防卫和进攻对方的手段，突出表现了武术的技击性和对抗性。在教学过程中，无论是单个的基本动作、完整的技术动作，还是上下肢结合的组合动作，都须按照一定的步骤练习，最后达到实战中运用自如的目的。

（一）基本动作学习

攻防技术中的基本动作十分丰富，可归纳为步法、手法、腿法、摔法、拿法等几类基本动作。从动作形式而言，基本动作分为单一动作、复合动作、组合动作等。掌握基本动作是学习攻防技术的基础，基本动作的运行路线、发力方法、动作力点是基本动作学习的重点。

（二）基本素质练习

攻防技术对学生的身体素质要求比较高，一般身体素质中的协调、力量、速度、柔韧是必备素质。专项素质有灵敏、反应、应变、空间感等内容，这些素质需要密切地结合专项技术动作，在专项技术练习中提高，为专项技术服务。

（三）攻防技术组合学习

有效的攻防技术必须建立在有机的动作组合上，攻防技术组合有多种形式，有上肢动作组合、下肢动作组合、上下肢动作组合、打摔动作组合、踢拿动作组合等。教学中教师可根据学生的基础选择具有典型性的组合进行学习，使学生掌握组合搭配的原则，学会灵活地组合、机动地运用。

（四）攻防战术学习

攻防战术是决定攻防技术有效发挥的保障，主要分为主动强攻、迂回强攻、防守反击、虚实结合、引进落空、后发先至等战术。战术的适时、合理运用需要培养和练习。在教学中，教师可为学生提供一定的场景，要求学生按照预先制订的某一套战术结合实战进行练习，待熟练后，再进行下一个战术学习和练习。

（五）模拟实战练习

提高攻防技术的手段是实战，在学生尚未熟练掌握技术和战术的情况下，教师可要求学生按照步法移动、活动靶、指定进攻、限制实战、点击实战等方式依序进行练习，使学生逐步适应实战，建立必要的快速反应、距离控制、战机捕捉、技术运用和战术应变等能力。

（六）实战练习

实战练习尽可能地在同水平、同级别的学生中进行练习。练习时间不宜过长，避免体力消耗过大引起受伤。在学生实战时，教师必须担任裁判，及时制止危险动作。实战练习时必须做好安全防护措施。实战后进行适时讲评，使学生生动地了解技术和战术的实战运用。

二、攻防技术教学的要求

（一）重视基本素质和基本技术动作教学

进行实用攻防动作教学，要加强学生的身体素质、基本功和基本动作的练习，加强非对抗条件下的技术练习。切不可操之过急，求打取胜；要由易到难，循序渐进。根据教材内容，科学、合理地安排练习内容和运动负荷。

（二）加强技术动作解析

对技术动作的全面解析可以帮助学生建立正确的战术思想，明确完成战术的技术对策，熟悉具体攻防动作的使用和组合作用。教师可通过各种方式向学生提供各种实战场景，为学生解析动作，要求学生探索技术和战术实用。

（三）注重武德教育

攻防技术教学中对抗性强，易出现对立情绪。必须注重武德教育，从一般的礼仪，到具体的技术使用，教师均要做出规定，要求学生执行。同时，要通过具体事件不失时机地进行耐心、细致的思想教育工作，做到以理服人，习武育人。

（四）强化重点技术动作

构成攻防技术动作的体系庞大，教师根据教材内容，有选择地将不同技法的重点技术动作进行强化教学，使学生规范掌握重点动作，熟练运用重点动作，不可贪图技术体系的全面，而忽视重点技术动作的支撑作用。

（五）突出防身技法教学

武术攻防技术学习的目的是为了防身自卫、强健体魄。在教学中，教师选择的教材内容应注意以防卫型技术动作为主，即使是攻击技术，也要明示其防身作用。教学中应使用以防身自卫为场景。技术动作的教学要讲明危害程度，讲明使用范围。在实践中强调防守技术、战术的有效性和重要性。

思考题

1.武术教学的特点有哪些？

2.在什么情况下可用完整示范？什么情况下可用分解示范？

3.如何选择示范位置、示范面和示范速度？

4.武术套路教学有哪些步骤和要求？

第四章

武术基本功和基本动作

第一节 基本功

　　武术基本功是指为更好地掌握武术技术，发展某项专门素质的基础功法练习。它既是初学者入门必备的基础功夫，又是保证武术运动体能和技能不断提高的有效手段。其练习内容丰富，方法多样。按人体的身体部位可分为肩功、腿功、腰功和桩功。通过各部位柔韧、力量等素质的练习，能有效地提高各关节的伸展性和灵活性，增强韧带的柔韧性和身体各部位肌肉的力量。

一、肩功

　　肩功练习主要是提高肩部韧带的柔韧性，增大肩关节的活动范围，发展肩部肌肉的力量，提高上肢运动的伸展、敏捷、转环等能力。主要练习方法有压肩、转肩、臂绕环等。

（一）压肩

　　面对肋木或一定高度的物体开步站立，两手抓握肋木，上体前俯并做下振压肩动作；也可以两人面对面站立，互相扶按肩部，做体前屈振动压肩动作；也可以由助手协助做搬压肩部的练习（图4-1-1～图4-1-3）。

图4-1-1　　　　　　　　　图4-1-2　　　　　　　　　图4-1-3

要点

挺胸、塌腰，两臂、两腿要伸直，振幅逐步加大，压点集中于肩部，增加外力时应由小到大。

（二）握棍转肩

两脚开立，两手相距一定距离，正握木棍于体前。以肩关节为轴，两臂由体前经头顶绕至背后，然后再由背后经头顶绕至体前（图4-1-4～图4-1-6）。

图4-1-4

图4-1-5

图4-1-6

要点

转肩时，两臂始终伸直，两手握棍的距离可根据自身情况进行调节，由宽到窄。

（三）臂绕环

1.单臂绕环

成左弓步姿势，左手按于左大腿上（也可两脚开立，左手叉腰），右臂上举，由上向后、向下、向前绕环一周为后绕环。右臂由上向前、向下、向后绕环一周为前绕环。练习时左右臂交替进行（图4-1-7～图4-1-9）。

图4-1-7

图4-1-8

图4-1-9

要点

臂伸直、肩放松、贴身划立圆，逐渐加速。

2.双臂前后绕环

两脚开立，与肩同宽，两臂垂于体侧。左右两臂依次由下向前、向上、向后做绕环。数次后，再做反方向绕环（图4-1-10～图4-1-12）。

图4-1-10　　　　　　　图4-1-11　　　　　　　图4-1-12

要点

松肩、探臂，两臂于体侧成立圆绕环。

3.双臂交叉绕环

两脚开立，两臂伸直上举，左臂向前、向下、向后；右臂向后、向下、向前，同时于身体两侧划立圆绕环。数次后，再做反方向绕环（图4-1-13～图4-1-15）。

图4-1-13　　　　　　　图4-1-14　　　　　　　图4-1-15

要点

上体放松，协调配合两臂绕环，两臂于体侧成立圆绕环。

4.仆步抡拍

两脚开立，上体左转成左弓步，同时右掌向左前下方伸出，左掌心向里，插于右肘关节处（图4-1-16）；上动不停，上体右转成右弓步，同时右臂由左向上、向右抡至右上方，左掌下落至左下方（图4-1-17）；上动不停，上体右后转，同时右臂向下、向后抡臂划弧至后下方，左臂向上、向前抡至前上方（图4-1-18）；上动不停，上体左转成右仆步，同时右臂向上、向右、向下抡臂至右腿内侧拍地，左臂向下、向左抡臂停于左上方，目随右手（图4-1-19）。练习时左右交替进行。

图4-1-16　　　　图4-1-17　　　　图4-1-18　　　　图4-1-19

要点

两臂伸直，向上抡臂贴近耳，向下抡臂贴近腿，以腰带臂。

二、腿功

腿功练习主要是发展腿部的柔韧性、灵活性和力量等素质。练习方法有压腿、搬腿、劈腿和控腿等。

（一）压腿

1.正压腿

面对肋木或一定高度的物体，并步站立。左腿抬起，脚跟放在肋木上，脚尖勾紧，两手扶按膝上（图4-1-20）。两腿伸直，立腰、收髋，上体前屈，向前下做压振动作（图4-1-21）。练习时左右腿交替进行。

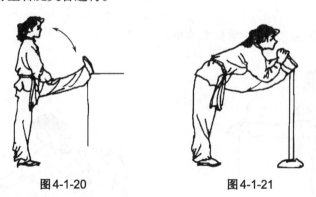

图4-1-20　　　　　　　图4-1-21

要点

直体向下振压，逐渐增大振幅，以前额、鼻尖触及脚尖，然后过渡到下颌触及脚尖。压至疼痛时，进行耗腿练习。

2.侧压腿

侧对肋木或一定高度的物体站立，右腿支撑，脚尖外展，左脚跟放在肋木上，脚尖勾紧，右臂上举，左掌附于右胸前，上体向左侧压振（图4-1-22、图4-1-23）。练习时左右交替进行。

图4-1-22　　　　　　　　　　　图4-1-23

要点

立腰、展髋，直体向侧下压振。

3.后压腿

背对肋木或一定高度的物体站立，左脚背放在肋木上，脚面绷直。两手叉腰或扶一定高度的物体，上体后屈并做振压动作（图4-1-24）。练习时左右交替进行。

要点

挺胸、展髋、腰后屈。

4.仆步压腿

两脚左右开立，右腿屈膝全蹲，左腿挺膝伸直，脚尖内扣。两脚全脚掌着地，两手分别抓握两脚外侧（图4-1-25）。练习时左右交替进行。

要点

挺胸、塌腰、沉髋，臀部尽量贴近地面。

图4-1-24　　　　　　　　　　　图4-1-25

（二）搬腿

1.正搬腿

右腿支撑，左腿屈膝提起，右手托握左脚，左手抱膝（图4-1-26）。然后左腿向前上方举起，挺膝，脚尖勾紧（图4-1-27）。也可由同伴托住脚跟上搬（图4-1-28）。练习时左右交替进行。

图4-1-26　　　　　　图4-1-27　　　　　　图4-1-28

要点

挺胸、立腰、收髋。上搬高度依训练水平逐渐提高。

2.侧搬腿

右腿屈膝提起，右手经小腿内侧托住脚跟，然后将右腿向右上方搬起，左臂上举亮掌（图4-1-29）。也可由同伴托住脚跟向侧搬腿（图4-1-30）。练习时左右交替进行。

要点

两腿伸直，挺胸、立腰、开髋。

3.后搬腿

手扶肋木或一定高度的物体，左腿支撑，由同伴托起右腿从身后向上举，挺膝，脚尖绷直。当同伴向后上方振腿时，上体后屈（图4-1-31）。也可由同伴用肩扛大腿做后搬动作。练习时左右交替进行。

要点

挺胸、塌腰、展髋、腰后屈。

图4-1-29　　　　　　图4-1-30　　　　　　图4-1-31

（三）劈腿

1.竖叉

两手左右扶地或两臂侧平举，两腿前后分开成直线。左腿后侧着地，脚尖勾起；右腿内侧或前侧着地（图4-1-32）。练习时左右交替进行。

要点

挺胸、立腰、沉髋、挺膝。

2.横叉

两手在体前扶地或两臂侧平举，两腿左右分开成直线，两腿内侧着地（图4-1-33）。

要点

挺胸、立腰、展髋、挺膝。

图4-1-32

图4-1-33

（四）控腿

1.前控腿

右手扶肋木或一定高度的物体，侧向肋木并步站立，左手叉腰或侧平举。左腿屈膝前提，脚尖绷直或勾紧，慢慢向前上伸出，停留片刻再还原（图4-1-34）。练习时左右交替进行。

要点

挺胸、直背、挺膝。控腿的高度可随练习水平逐步提高。

2.侧控腿

右手扶肋木或一定高度的物体，左手叉腰，侧向并步站立。左腿屈膝侧提，脚尖绷直或勾紧，向外侧前上伸出，停留片刻再还原（图4-1-35）。练习时左右交替进行。

要点

挺胸、直背、开髋、挺膝。控腿的高度可随练习水平逐步提高。

3.后控腿

右手扶肋木或一定高度的物体，左手叉腰，侧向并步站立。左腿屈膝前提，脚尖绷直，向后上方伸出，停留片刻再还原（图4-1-36）。练习时左右交替进行。

要点

挺胸、展髋、挺膝、腰后屈。控腿的高度可随练习水平逐步提高。

图4-1-34　　　　　图4-1-35　　　　　图4-1-36

（五）踢腿

1.正踢

右手扶肋木或一定高度的物体，左手叉腰，并步侧向站立。右腿支撑，左脚勾起，挺膝上踢，然后下落还原（图4-1-37、图4-1-38）。练习时左右交替进行。

要点

挺胸、立腰、收腹、沉髋。踢腿过腰后加速。

2.侧踢

双手扶肋木或一定高度的物体，丁字步站立。动作同正踢，唯向侧踢（图4-1-39、图4-1-40）。练习时左右交替进行。

要点

同正踢。

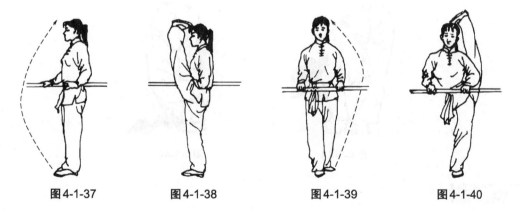

图4-1-37　　　　图4-1-38　　　　图4-1-39　　　　图4-1-40

3.后踢

双手扶肋木或一定高度的物体，并步站立。右腿支撑，左腿伸直，脚尖绷直，挺膝向后上踢起，也可大腿后踢过腰后，松膝，用脚掌触头部（图4-1-41、图4-1-42）。练习时左右交替进行。

要点

挺胸、抬头、腰后屈。

图4-1-41   图4-1-42

三、腰功

腰功练习主要是发展脊椎和腰部各肌肉群的柔韧性与弹性，增大腰部的活动范围。腰是四肢运动的枢纽，武术谚语云："练拳不活腰，终究艺不高"。武术技法中主张"以腰为轴"，"主宰于腰"。在手、眼、身法、步法四个要素中，腰是体现身法技巧的关键，因此不能忽略腰功的练习。腰的练习方法主要有俯腰、甩腰、涮腰和下腰四种。

（一）俯腰

1.前俯腰

并步站立，两手手指交叉，直臂上举，掌心朝上。上体前俯，两掌心尽量贴地（图4-1-43），也可两手松开，分别抱住两腿跟腱处，胸部尽量贴近腿部，持续一定时间后再站立（图4-1-44）。

图4-1-43   图4-1-44

要点

两腿挺膝伸直，挺胸、塌腰、收髋、前折体。

2.侧俯腰

并步站立，两手手指交叉，直臂上举，掌心朝上。上体左转向左侧下屈，两手掌心触地。持续一定时间后，再起身做另一侧（图4-1-45、图4-1-46）。

要点

两腿挺膝伸直，两脚不能移动，上体尽量下屈。

（二）甩腰

开步站立，两臂上举。以腰、髋关节为轴，上体做前后屈动作，两臂也随着摆动（图4-1-47、图4-1-48）。

要点

快速、紧凑、富有弹性。

图4-1-45　　　　图4-1-46　　　　图4-1-47　　　　图4-1-48

（三）涮腰

开步站立，上体前俯，两臂下垂随之向左前方伸出，以髋关节为轴，向前、向右、向后、向左绕环一周（图4-1-49～图4-1-51）。练习时左右交替进行。

要点

两脚固定不动，两臂随腰放松绕动，尽量增大上体环绕幅度。

（四）下腰

两脚开立，与肩同宽，两臂伸直上举。腰向后屈，抬头，挺胸，两手向后、向下撑地成桥形（图4-1-52）。也可两手扶墙做下腰动作练习。

要点

挺胸、挺髋，腰向上顶，脚跟不得离地。

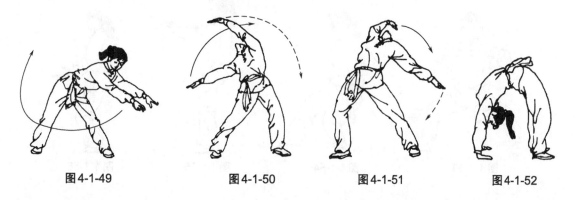

图4-1-49　　　　图4-1-50　　　　图4-1-51　　　　图4-1-52

四、桩功

桩功是武术基本功中一种独特的锻炼方式，它是以静站的方式培练气息，增强力量，形成动作动力定型的锻炼方法。桩功的练习方法很多，主要有马步桩、虚步桩、浑元桩。通过桩功练习使下肢力量增加稳固，周身内劲饱满，气血畅活，达到壮内强外的目的。

（一）马步桩

两脚平行开立，约为脚长的3倍，脚尖朝前，屈膝半蹲，大腿接近水平，全脚着地，身体重心落于两腿之间。两臂微屈平举于胸前，掌心向下，目视前方（图4-1-53）。也可两手抱拳于腰间。

要点

挺胸、直背、塌腰，做深呼吸。静站时间逐渐增加。

（二）虚步桩

两脚前后开立，右脚外展45°，屈膝半蹲，左脚脚跟提起，脚面绷直，脚尖稍内扣，虚点地面，膝微屈，重心落于右腿上。两手抱拳于腰间，目视前方（图4-1-54）。练习时左右交替进行。

要点

挺胸、塌腰，虚实分明。静站时间逐渐增加。

（三）浑元桩

1.升降桩

两脚平行开立与肩同宽，两膝微屈，两肘稍屈，两手心向下，举于胸前，然后配合呼吸，做升、降动作（图4-1-55、图4-1-56）。

要点

（1）头颈正直，沉肩垂肘，松腰敛臀，上体正直。
（2）呼吸深、长、匀、细。升时配合吸气，小腹外凸；降时配合呼气，小腹内凹。初练时静站2～3分钟，然后逐渐增加。

图4-1-53　　　　　　图4-1-54　　　　　　图4-1-55　　　　　　图4-1-56

2.开合桩

两脚平行开立与肩同宽，两腿屈膝略蹲。两臂屈肘，两手心向内，指尖相对，合抱于体前。随自然呼吸，做开合运动（图4-1-57、图4-1-58）。

图4-1-57　　　　　　　图4-1-58

要点

（1）头颈正直，沉肩垂肘，松腰敛臀，上体正直。

（2）呼吸深、长、匀、细。开时配合吸气，小腹外凸；合时配合呼气，小腹内凹。初练时静站2～3分钟，然后逐渐增加。

第二节　基本动作

武术基本动作是武术动作中最简单、最基础、最具有代表性的动作，是学习武术技术和提高难度动作的基础。主要包括手型、步型、手法、步法、腿法、平衡和跳跃练习等。

一、手型

1.拳

五指卷紧，拇指压于食指、中指第二指节上。拳分为拳面、拳背、拳眼、拳心、拳轮。拳心朝上（下）为平拳；拳眼朝上（下）为立拳（图4-2-1）。

要点

拳握紧，拳面平，直腕。

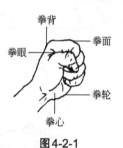

图4-2-1

2.掌

四指伸直并拢，拇指弯曲紧扣于虎口处。掌分为掌指、掌背、掌心、掌根、掌外缘、拇指侧。手腕伸直为直掌；向拇指侧伸，掌指朝上为立掌（图4-2-2）。

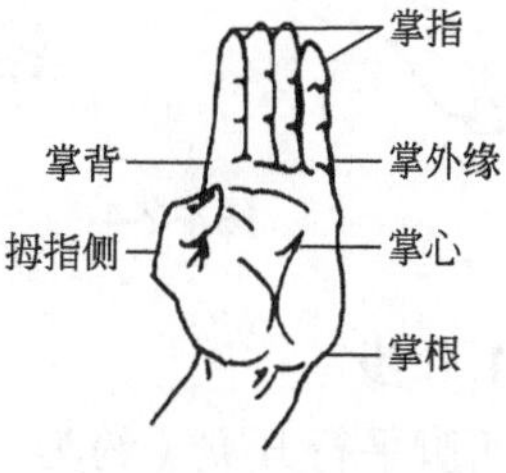

要点

掌心展开、竖指。

图4-2-2

3.勾

五指尖撮拢在一起，屈腕。勾分为勾尖、勾顶（图4-2-3）。

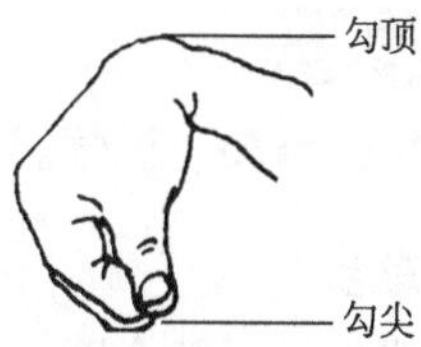

图4-2-3

二、步型

1. 弓步

前脚微内扣，全脚着地，屈膝半蹲，大腿呈水平，膝与脚尖垂直；另一腿挺膝伸直，脚尖里扣斜向前（约45°），全脚着地。上体正对前方，两手抱拳于腰间，目视前方（图4-2-4）。

要点

挺胸、塌腰、沉髋。

2. 马步

两脚左右开立（约为本人脚长的3倍），脚尖正对前方，屈膝半蹲，大腿呈水平，膝部不超过脚尖，两手握拳分别抱于腰间，目视前方（图4-2-5）。

要点

挺胸、塌腰、直背，膝微内扣。

3. 虚步

两脚前后开立，后脚尖斜向前，屈膝半蹲，大腿接近水平，全脚着地；前腿微屈，脚面绷紧，脚尖虚点地面，重心落于后腿，目视前方（图4-2-6）。

要点

挺胸、立腰，虚实分明。

图4-2-4　　　　　　　　图4-2-5　　　　　　　　图4-2-6

4. 仆步

两脚平行开立（约为本人脚长的4倍），一腿屈膝全蹲，大腿和小腿靠紧，臀部接近小腿，膝与脚尖稍外展；另一腿伸直平铺接近地面，脚尖内扣，两脚全脚掌着地（图4-2-7）。

要点

挺胸、塌腰、沉髋。

5. 歇步

两腿交叉屈膝全蹲，前脚全脚掌着地，脚尖外展；后脚脚跟离地，臀部外侧紧贴后小腿（图4-2-8）。

挺胸、立腰，两腿靠拢贴紧。

6. 丁步

两腿半蹲并拢，一脚全脚掌着地支撑，另一脚停在支撑脚内侧相靠，脚尖点地（图4-2-9）。

挺胸、立腰，虚实分明。

图4-2-7　　　　　　　　图4-2-8　　　　　　　图4-2-9

三、手法

1. 冲拳

两脚左右开立，两手握拳分别抱于腰侧，拳心向上，肘尖向后，目视前方（图4-2-10）。右拳从腰间旋臂向前快速冲出，力达拳面，臂伸直高与肩平；同时左肘向后牵拉，目视前方（图4-2-11）。练习时左右交替进行。

图4-2-10　　　　　　图4-2-11

挺胸、收腹、拧腰、顺肩、快速有力。

2. 劈拳

两脚并步站立，两手握拳分别抱于腰侧，拳心向上，目视前方（图4-2-12）。右拳经左由上向下快速劈击，臂伸直，力达拳轮，目视右拳（图4-2-13）。

松肩、直臂，臂抡成立圆，力达拳轮。

3. 推掌

预备姿势同冲拳。右拳变掌，由腰间旋臂向前立掌推出，速度要快，臂伸直，力达掌外沿，目视前方（图4-2-14）。练习时左右交替进行。

挺胸、收腹、拧腰、顺肩，出掌快速有力，力达掌外沿。

图4-2-12　　　　　　　图4-2-13　　　　　　　图4-2-14

4. 亮掌

预备姿势同冲拳（图4-2-15）。右拳变掌，由腰间向右、向上划弧至头右上方，肘微屈，抖腕翻掌，目视左方（图4-2-16）。

图4-2-15　　　　　　　图4-2-16

挺胸、收腹、立腰、抖腕。

5. 架拳

预备姿势同冲拳（图4-2-17）。右拳自腰间向左经腹前、面前向头上方旋臂架起，臂微屈，拳心朝前上方，目视左方（图4-2-18）。

架拳时前臂内旋、松肩，力达前臂外侧。

6.挑掌

并步站立，两拳抱于腰侧，拳心向上（图4-2-19）。右拳变掌，自腰间经右向上弧形摆起，当摆至接近水平位时，抖腕立掌上挑，掌指朝上，掌外沿朝右，目视右侧（图4-2-20）。

🥋 要点

抖腕要快速有力，力达掌指。

图4-2-17　　　　图4-2-18　　　　图4-2-19　　　　图4-2-20

四、步法

1.插步

开步站立，两手叉腰（图4-2-21）。右脚提起，经左脚后向左侧横迈一步，脚前掌着地，两腿交叉，重心偏于左腿（图4-2-22）。练习时左右交替进行。

图4-2-21　　　　图4-2-22

🥋 要点

沉髋、敛臀，插步幅度适中。

2.击步

两脚前后开立，同肩宽，两手叉腰（图4-2-23）。前脚蹬离地面，后脚提起在空中向前碰击前脚跟。落地时，后脚先落，前脚后落，目视前方（图4-2-24、图4-2-25）。

图 4-2-23　　　　　　　　　图 4-2-24　　　　　　　　　图 4-2-25

要点

跳起腾空时，上体保持正直并侧对前方。

五、腿法

1. 正踢腿

两脚并步站立，两臂成侧平举，立掌，目视前方（图4-2-26）。左脚向前上半步，左腿支撑，右腿挺膝，脚尖勾起向前额处快速踢起，目视前方（图4-2-27）。练习时左右交替进行。

要点

挺胸、收腹、立腰。腿上摆过腰后加速用力、收髋，上体正直。

2. 斜踢腿

预备姿势同正踢腿。左脚向前上半步，左腿支撑，右腿挺膝，勾脚向异侧耳部踢起，目视前方（图4-2-28）。练习时左右交替进行。

要点

同正踢腿。

图 4-2-26　　　　　　　　　图 4-2-27　　　　　　　　　图 4-2-28

3. 侧踢腿

预备姿势同正踢腿。右脚向前上半步，脚尖外展；左脚跟稍提起，身体略右转，左臂前伸，右臂后举；随即左腿挺膝，勾脚向左耳侧踢起，同时右臂上举亮掌，左臂屈肘立掌于右肩前，目视前方（图4-2-29、图4-2-30）。

要点

挺胸、立腰、开髋、侧身、猛收腹。

4. 外摆腿

预备姿势同正踢腿。右脚上步，左脚尖勾紧，向右侧上方踢起，经面前向左侧上方摆动，直腿落于右脚旁，目视前方；右掌和左掌也可在面前依次迎击左脚面（图4-2-31、图4-2-32）。练习时左右交替进行。

要点

挺胸、立腰、展髋，腿成扇形外摆，幅度要大。

图4-2-29　　　　图4-2-30　　　　图4-2-31　　　　图4-2-32

5. 里合腿

预备姿势同正踢腿。右脚上步，左脚尖勾起里扣并向左上方踢起，经面前向右侧上方直腿摆动，落于右脚旁；右掌也可在右侧上方迎击左脚掌。目视前方（图4-2-33、图4-2-34）。练习时左右交替进行。

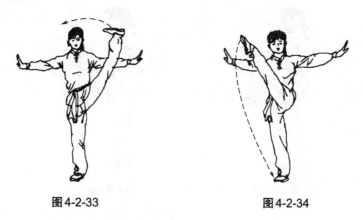

图4-2-33　　　　　　图4-2-34

要点

挺胸、立腰、合髋，腿成扇形里合，幅度要大。

6.单拍脚

并步站立，两手握拳抱于腰间。左脚上步，左腿支撑；右腿挺膝，脚面绷直向前上方快速踢摆；同时右拳变掌举于头右前上方，掌心朝前，迎击右脚面，目视前方（图4-2-35、图4-2-36）。练习时左右交替进行。

要点

收腹、立腰，踢腿高度过胸，击拍脚要脆、快、响。

7.弹腿

左腿支撑，右腿屈膝提起接近水平时，小腿猛力向前弹出，挺膝，力达脚尖，目视前方（图4-2-37、图4-2-38）。练习时左右交替进行。

要点

挺胸、立腰、收髋，弹踢要有寸劲，力达脚尖。

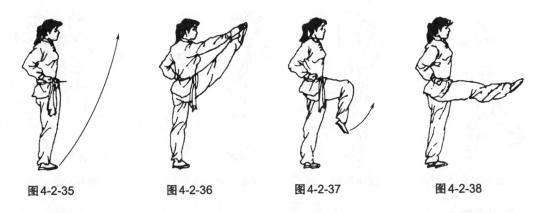

| 图4-2-35 | 图4-2-36 | 图4-2-37 | 图4-2-38 |

8.蹬腿

左腿支撑，右腿屈膝提起，脚尖勾起，以脚跟为力点向前猛力蹬出，挺膝，脚高过腰，目视前方（图4-2-39、图4-2-40）。练习时左右交替进行。

图4-2-39　　　　图4-2-40

要点

挺胸、立腰、脚尖勾紧，蹬出要脆、快、有力，力达脚跟。

9.侧踹腿

右脚经左脚前盖步，随即右腿伸直支撑，左腿屈膝提起，脚尖勾起内扣，用脚底向左上方猛力踹出，脚高过腰，上体右倾，目视左侧方（图4-2-41、图4-2-42）。

要点

挺膝、展髋，踹腿要脆、快、有力。

10.后扫腿

成左弓步，两掌向前推出（图4-2-43）。左脚尖内扣，左腿屈膝全蹲，成右仆步，同时上体前俯，两掌撑地，随上体向右后拧转的惯性力量，以左脚掌为轴，右脚贴地向后扫转一周（图4-2-44）。

要点

转体、俯身、撑地，扫转要连贯协调，一气呵成。

图4-2-41　　　　图4-2-42　　　　图4-2-43　　　　图4-2-44

六、平衡练习

1.提膝平衡

右腿伸直支撑，左腿屈膝高提近胸，脚面绷直，垂扣于右腿前侧。右臂上举于头上亮掌，左手反臂后举成勾手（图4-2-45）。

要点

挺胸、立腰、收腹，平衡要站稳，提膝过腰，脚内扣。

2.燕式平衡

左腿支撑站稳，右腿屈膝提起，两掌胸前交叉，掌心向里；然后，两掌向两侧直臂分开平举，上体前俯，脚面绷平向后上蹬伸（图4-2-46、图4-2-47）。

要点

两腿伸直，上体前俯，挺胸、抬头、腰后屈。

3.望月平衡

右腿支撑站稳，两手左右分开上摆亮掌；同时上体侧倾拧腰向支撑腿同侧方上翻，挺胸塌腰；左腿在身后向支撑腿的同侧方上举，小腿屈收，脚面绷平，目视右后方（图4-2-48）。

要点

展髋、拧腰、抬头。

| 图4-2-45 | 图4-2-46 | 图4-2-47 | 图4-2-48 |

七、跳跃练习

1.腾空飞脚

并步站立，右脚上步蹬地跃起，左脚前上摆踢，两臂向头上摆起，右手背迎击左手掌（图4-2-49、图4-2-50）。在空中，右脚向前上方踢摆，脚面绷直，右手迎击右脚面；同时左腿屈膝收控于右腿侧，脚面绷直，左掌摆至左侧方变勾手，上体微前倾，目视前方（图4-2-51）。

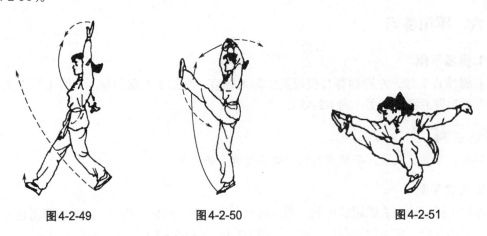

| 图4-2-49 | 图4-2-50 | 图4-2-51 |

要点

（1）踢摆腿脚高必须过腰，左腿在击响一瞬间，屈膝收控于右腿侧。

（2）在腾空的最高点完成击响动作，拍击动作必须连续、准确、响亮。

（3）在空中，上体正直、微向前倾，不要坐臀。

2. 旋风脚

高虚步亮掌（图4-2-52）。左脚向左上步，同时左掌前推（图4-2-53）；右脚随即上步，脚尖内扣，左臂随上步向下摆动并屈肘收至右胸前，同时右臂向前抡摆，上体向左旋转前俯（图4-2-54）。重心右移，右腿屈膝蹬地跳起，左腿提起向左上方摆动；上体向左上方翻转，同时两臂向下、向左上方抡摆。身体旋转一周，右腿里合，左手在面前迎击右脚掌，左腿自然下垂（图4-2-55、图4-2-56）。

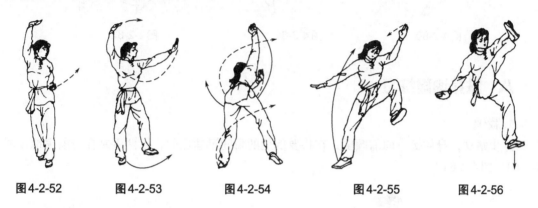

图4-2-52　　　　图4-2-53　　　　图4-2-54　　　　图4-2-55　　　　图4-2-56

🥋 **要点**

（1）里合腿贴近身体，摆动时成扇形。

（2）抡臂、踏跳、转体、里合腿等环节要协调一致，身体旋转不小于270°。

3. 腾空摆莲

高虚步挑掌站立（图4-2-57）。左脚向前上步，右脚随之向前上一大步，脚尖外展，屈膝略蹲；身体右转，同时右臂顺势下落，左臂前摆（图4-2-58、图4-2-59）；重心前移右腿，右脚蹬地跳起，同时左腿里合踢摆，两手上摆于头上击响，上体向右转体，身体腾空（图4-2-60）；右腿上踢外摆，两手先左后右依次拍击右脚面，左腿伸直分开摆动控于体侧（图4-2-61、图4-2-62）。

🥋 **要点**

（1）上步要成弧形，右脚踏跳时，注意脚尖外展和屈膝。

（2）上跳时，左腿注意里合扣腿。

（3）右腿外摆成扇形，上体微前倾。两手依次击拍右脚面。

图4-2-57　　　　　　图4-2-58　　　　　　图4-2-59

图4-2-60　　　　　　　图4-2-61　　　　　　　图4-2-62

八、跌扑滚翻练习

1.栽碑

并步站立，身体挺直向前倾倒，在将要倒地的瞬间迅速屈肘，以两手掌在身前撑地（图4-2-63、图4-2-64 ）。

图4-2-63　　　　　　　图4-2-64

要点

拔背、控腹、头前顶，身体挺直，臀部不要凸起。

2.抢背

右脚在前，左脚在后，两脚前后站立；左脚后上摆，右脚蹬地跳起，团身向前滚翻，两腿屈膝，滚动时以右臂外侧、右肩经背、腰、左臀、左腿外侧依次着地（图4-2-65、图4-2-66 ）。

图4-2-65　　　　　　　图4-2-66

低头、含胸，肩、背、腰、臀要依次着地，滚翻动作要圆、快，立起要迅速。

3.鲤鱼打挺

仰卧，屈体使两腿上摆，两手扶按两膝；两腿猛力向下摆打，同时挺腹，振摆而起（图4-2-67、图4-2-68）。

图4-2-67　　　　　　　　　　　　图4-2-68

要点

身体必须成丰圆环形，两脚分开不得超过肩宽，打腿振摆要迅速。

第三节　组合动作

组合动作是按照一定运动规律的若干动作集合。它是把拳术或器械中的几个动作，根据不同对象和任务的要求编排起来，结合手、眼、身法、步法的要求所进行的基本技术练习。编排组合动作，要遵循由浅入深的原则，开始动作不宜过多。通过组合练习，可以在提高基本动作质量的同时，掌握动作与动作之间的衔接要领，增进身体的协调能力，为学习套路奠定基础。

五步拳组合动作名称：弓步搂手冲拳—弹腿冲拳—马步架冲拳—歇步冲拳—提膝穿掌—仆步穿掌—虚步挑掌—并步抱拳。

两脚并步站立，两拳抱于腰两侧，目视左前方（图4-3-1）。

图4-3-1

🏃 **要点**

挺胸、收腹、立腰，两拳紧贴腰两侧。

一、弓步搂手冲拳

（1）身体稍向左转，左脚向左前方上步，膝微屈，右腿随之屈膝半蹲成半马步；同时左拳变掌，俯掌向左前方搂出，掌心朝前，目视左手（图4-3-2）。

（2）重心前移，左腿屈膝半蹲，右腿随之伸直，脚跟外蹬成左弓步；同时左手握拳收抱于左腰侧，右拳于腰间猛力向前冲出，臂与肩平，目视右拳（图4-3-3）。

图4-3-2   图4-3-3

🏃 **要点**

上左步与搂左手要协调一致，蹬腿成弓步与冲拳动作要完整一致。

二、弹腿冲拳

重心前移，左腿挺膝立起；右腿屈膝提起，当膝抬至接近水平时，迅速挺膝绷脚面，向前甩摆小腿，腿成水平；同时右拳收抱至腰右侧，左拳自腰侧向前猛力冲出，高与肩平，力达拳面，目视左拳（图4-3-4）。

🏃 **要点**

右拳收抱、左拳冲出与弹右腿动作要完整一致。

三、马步架冲拳

右脚向前落步，脚尖内扣，上体左转90°，两腿屈膝半蹲成马步；同时左拳变掌，屈肘上架于头上方，右拳自腰间向右平拳冲出，臂与肩平，目视右拳（图4-3-5）。

🏃 **要点**

架掌、冲拳与做成马步要完整一致。

图4-3-4　　　　　　　　　图4-3-5

四、歇步冲拳

（1）左转身约90°，左脚向右脚后插步，脚前掌着地；同时左掌收至左腰侧抱拳，拳心向上，右拳变掌向上经头上方向前下方盖掌至胸前，掌心向下，掌指尖向左，目视右掌（图4-3-6）。

（2）两腿屈膝全蹲成右歇步；同时右掌变拳收至腰间，左拳自腰间向前平拳冲出，目视左拳（图4-3-7）。

🏃 **要点**

盖掌与插步要协调一致，冲拳与歇步要协调一致。

五、提膝穿掌

右腿挺膝直立，左腿屈膝提起；同时左拳变掌屈肘回收下按，右拳变掌自腰间经左手背向前上方穿出，左掌顺势回收至右腋下，目视右掌（图4-3-8）。

🏃 **要点**

提膝与上穿掌要协调一致，穿掌力点达于掌指尖。

图4-3-6　　　　　　　图4-3-7　　　　　　　图4-3-8

六、仆步穿掌

右腿屈膝全蹲，左腿随之向左侧落步，左脚内扣，左腿平仆成左仆步；同时左手经腹前，沿左腿内侧穿至左脚面，掌心朝前，目视左掌（图4-3-9）。

要点

穿掌要以掌指尖为力点，两臂要成一条线。

七、虚步挑掌

重心前移，左腿屈膝蹲起，脚尖外展，右脚随之蹬地向前上步，脚尖内侧着地成右虚步；同时左手向前，经上绕至左后方成勾手，右手向下，经体右侧绕至右前成立掌，两臂成一直线，左手稍高，右手略低，目视右手（图4-3-10）。

要点

两臂要绕成立圆，勾左手、挑右掌与上右步要协调一致，挑掌要有寸劲。

八、并步抱拳

重心前移，左脚向右脚靠拢成并步；同时右掌和左勾手变拳回收分别抱于腰间，拳心向上，目视前方（图4-3-11）。

要点

挺胸、收腹、立腰，并脚与收拳动作要同时完成。

图4-3-9

图4-3-10

图4-3-11

思考题

1. 武术的基本手型和步型有哪些？
2. 正压腿应注意哪些事项？
3. 看图自学武术动作组合，然后与同学相互交流。

第五章

套路运动

第一节　初级长拳（第三路）

一、动作名称

预备动作

预备势

1. 虚步亮掌
2. 并步对拳

第一段

1. 弓步冲拳
2. 弹腿冲拳
3. 马步冲拳
4. 弓步冲拳
5. 弹腿冲拳
6. 大跃步前穿
7. 弓步击掌
8. 马步架掌

第二段

9. 虚步栽拳
10. 提膝穿掌
11. 仆步穿掌
12. 虚步挑掌
13. 马步击掌
14. 叉步双摆掌
15. 弓步击掌
16. 转身踢腿马步盘肘

第三段

17. 歇步抡砸拳
18. 仆步亮掌
19. 弓步劈拳
20. 换跳步弓步冲拳
21. 马步冲拳
22. 弓步下冲拳
23. 叉步亮掌侧踹腿
24. 虚步挑拳

第四段

25. 弓步顶肘
26. 转身左拍脚
27. 右拍脚
28. 腾空飞脚
29. 歇步下冲拳
30. 仆步抡劈拳
31. 提膝挑掌
32. 提膝劈掌弓步冲拳

结束动作

33. 虚步亮掌
34. 并步对拳

还原

二、动作说明

预备动作

两脚并步站立，两臂垂于身体两侧，五指并拢贴靠腿外侧，眼向前平视（图5-1-1）。

图 5-1-1

要点

头要端正，颏微收，挺胸、塌腰、收腹。

1.虚步亮掌

① 右脚向右后方撤步成左弓步；右掌向右、向上、向前划弧，掌心向上；左臂屈肘，左掌提至腰侧，掌心向上，目视左掌（图5-1-2）。

② 左腿微屈，重心后移；右掌经胸前从右臂上向前穿出伸直；左臂屈肘，左掌收至腰侧，掌心向上，目视右掌（图5-1-3）。

③ 重心继续后移，左脚稍向右移，脚尖点地，成左虚步；左臂内旋向左、向后划弧成勾手，勾尖向上，右手继续向后、向右、向前上划弧；屈肘抖腕，在头前上方成亮掌（即横掌），掌心向前，掌指向左，目视左方（图5-1-4）。

图 5-1-2

图 5-1-3

图 5-1-4

要点

三个动作必须连贯；成虚步时，重心落于右腿上，右大腿与地面平行；左腿微屈，脚尖点地。

2.并步对拳

① 右腿蹬直，左腿提膝，脚尖里扣，上肢姿势不变（图5-1-5）。

② 左脚向前落步，重心前移。左臂屈肘，左勾手变掌经左肋前伸；右臂外旋向前下落于左掌右侧，两掌同高，掌心均向上（图5-1-6）。

③ 右脚向前上一步，两臂下垂后摆（图5-1-7）。

④ 左脚向右脚并步，两臂向外向上经胸前屈肘下按，两掌变拳，拳心向下，停于小腹前，目视左侧（图5-1-8）。

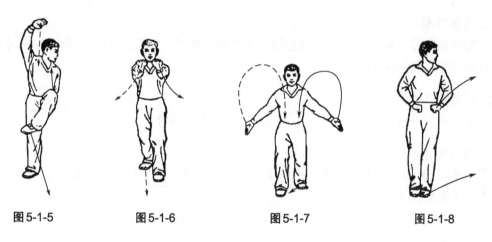

图5-1-5　　　　　　图5-1-6　　　　　　图5-1-7　　　　　　图5-1-8

要点

并步后挺胸、塌腰；对拳、并步、转头要同时完成。

第一段

1.弓步冲拳

① 左脚向左上一步，脚尖向斜前方；右腿微屈，成半马步。左臂向上、向左格打，拳眼向后，拳与肩同高，右拳收至腰侧，拳心向上。目视左拳（图5-1-9）。

② 右腿蹬直成左弓步。左拳收至腰侧，拳心向上，右拳向前冲出，高与肩平，拳眼向上。目视右拳（图5-1-10）。

要点

成弓步时，右腿充分蹬直，脚跟不要离地；冲拳时，尽量转腰顺肩。

2.弹腿冲拳

重心前移至左腿，右腿屈膝提起，脚面绷直，猛力向前弹出伸直，高与腰平。右拳收至腰侧，左拳向前冲出。目视前方（图5-1-11）。

要点

支撑腿可微屈，弹出的腿要用爆发力，力点达于脚尖。

图5-1-9　　　　　　　　图5-1-10　　　　　　　　图5-1-11

3.马步冲拳

右脚向前落步。脚尖里扣，上体左转。左拳收至腰侧，两腿下蹲成马步；右拳向前冲出。目视右拳（图5-1-12）。

要点

成马步时，大腿要平，两腿平行，脚跟外蹬，挺胸、塌腰。

4.弓步冲拳

① 上体右转90°，右脚尖外撇向斜前方，成半马步。右臂屈肘向右格打，拳眼向后。目视右拳（图5-1-13）。

② 左腿蹬直成右弓步。右拳收至腰侧；左拳向前冲出。目视左拳（图5-1-14）。

要点

与本段的弓步冲拳相同，唯左右相反。

5.弹腿冲拳

重心前移至右脚，左腿屈膝提起，脚面绷直，猛力向前弹出伸直，高与腰平。左拳收至腰侧，右拳向前冲出。目视前方（图5-1-15）。

要点

与本段的弹腿冲拳相同。

图5-1-12　　　　　图5-1-13　　　　　图5-1-14　　　　　图5-1-15

6.大跃步前穿

①左腿屈膝。右拳变掌内旋，以手背向下挂至左膝外侧，上体前倾。目视右手（图5-1-16）。

②左脚向前落步，两腿微屈。右掌继续向后挂，左拳变掌，向后、向下伸直。目视右掌（图5-1-17）。

③右腿屈膝向前提起，左腿立即猛力蹬地向前跃出。两掌向前、向上划弧摆起。目视左掌（图5-1-18）。

④右腿落地全蹲，左腿随即落地向前铲出成仆步。右掌变拳抱于腰侧，左掌由上向右、向下划弧成立掌，停于右胸前。目视左脚（图5-1-19）。

图5-1-16　　　　图5-1-17　　　　图5-1-18　　　　图5-1-19

要点

跃步要远，落地要轻，落地后立即接着做下一个动作。

7.弓步击掌

右腿猛力蹬直成左弓步。左掌经左脚面向后划弧至身后成勾手，左臂伸直，勾尖向上；右拳由腰侧变掌向前推出，掌指向上，掌外侧向前，目视右掌（图5-1-20）。

8.马步架掌

①重心移至两腿中间，左脚脚尖里扣成马步，上体右转。右臂向左侧平摆，稍屈肘；同时左勾手变掌由后经左腰侧从右臂内向前上穿出，掌心均朝上。目视左手（图5-1-21）。

②右掌立于左胸前；左臂向左上屈肘抖腕亮掌于头部左上方，掌心向前。目右转视（图5-1-22）。

要点

马步同前。

图5-1-20　　　　　　图5-1-21　　　　　　图5-1-22

第二段

9.虚步栽拳

① 右脚蹬地，屈膝提起；左腿伸直，以前脚掌为轴向右后转体180°。右掌由左胸前向下经右腿外侧向后划弧成勾手；左臂随体转动并外旋，使掌心朝右。目视右手（图5-1-23）。

② 右脚向右落地，重心移至右腿上，下蹲成左虚步。左掌变拳下落于左膝上，拳眼向里，拳心向后；右勾手变拳，屈肘向上架于头右上方，拳心向前。目视左方（图5-1-24）。

10.提膝穿掌

① 右腿稍伸直。右拳变掌收至腰侧，掌心向上；左拳变掌由下向左、向上划弧盖压于头上方，掌心向前（图5-1-25）。

② 右腿蹬直，左腿屈膝提起，脚尖内扣。右掌从腰侧经左臂内向右前上方穿出，掌心向上，左掌收至右胸前成立掌。目视右掌（图5-1-26）。

✈ **要点**

支撑腿与右臂充分伸直。

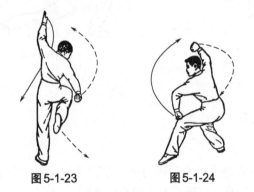

图5-1-23   图5-1-24   图5-1-25   图5-1-26

11.仆步穿掌

右腿全蹲，左腿向左后方铲出成左仆步。右臂不动，左掌由右胸前向下经左腿内侧，向左脚面穿出。目随左掌转视（图5-1-27）。

12.虚步挑掌

① 右腿蹬直，重心前移至左腿，成左弓步。右掌稍下降，左掌随重心前移向前挑起（图5-1-28）。

② 右脚向左前方上步，左腿半蹲，成右虚步。身体随上步左转180°。在右脚上步的同时，左掌由前向上、向后划弧成立掌，右掌由后向下、向前上挑起成立掌，指尖与眼平。目视右掌（图5-1-29）。

图5-1-27   图5-1-28   图5-1-29

上步要快，虚步要稳。

13.马步击掌

① 右脚落实，脚尖外撇，重心稍升高并右移，左掌变拳收至腰侧，右掌俯掌向外捋手（图5-1-30）。

② 左脚向前上一步，以右脚为轴向右后转体180°，两腿下蹲成马步。左掌从右臂上成立掌向左侧击出；右掌变拳收至腰侧，目视左掌（图5-1-31）。

图5-1-30　　　　　　　　　图5-1-31

🤸 要点

右手做捋手时，先使臂稍内旋、腕伸直，手掌向下、向外转，接着臂外旋，掌心经下向上翻转，同时抓握成掌。收拳和击掌动作要同时进行。

14.叉步双摆掌

① 重心稍右移，同时两掌向下、向右摆，掌指均向上。目视右掌（图5-1-32）。

② 右脚向左腿后插步，前脚掌着地。两臂继续由右向上、向左摆，停于身体左侧，均成立掌，右掌停于左肘窝处。目随双掌转视（图5-1-33）。

图5-1-32　　　　　　　　　图5-1-33

🤸 要点

两臂要划立圆，幅度要大，摆掌与后插步配合一致。

15.弓步击掌

① 两腿不动。左掌收至腰侧，掌心向上，右掌向上向右划弧，掌心向下（图5-1-34）。

② 左腿后撤一步，成右弓步。右掌向下、向后伸直摆动，成勾手，勾尖向上，左掌成立掌向前推出。目视左掌（图5-1-35）。

图5-1-34

图5-1-35

16.转身踢腿马步盘肘

① 两脚以前脚掌为轴向左后转体180°。在转体的同时，左臂向上、向前划半立圆，右臂向下、向后划半立圆（图5-1-36）。

② 上动不停，两脚不动，右臂由后向上、向前划半立圆，左臂由前向下、向后划半立圆（图5-1-37）。

③ 上动不停，右臂向下成反臂勾手，勾尖向上；左臂向上成亮掌，掌心向前上方。右腿伸直，脚尖勾起，向额前踢（图5-1-38）。

④ 右脚向前落地，脚尖里扣。右手不动，左臂屈肘下落至胸前，左掌心向下。目视左掌（图5-1-39）。

⑤ 上体左转90°，两腿下蹲成马步。同时左掌向前、向左平搂变拳收至腰侧，右勾手变拳，右臂伸直，由体后向右、向前平摆，至体前时屈肘，肘尖向前，高与肩平，拳心向下。目视肘尖（图5-1-40）。

图5-1-36　　　　　　　图5-1-37　　　　　　　图5-1-38

图5-1-39　　　　　　　图5-1-40

要点

两臂抡动时要划立圆，动作连贯。盘肘时要快速有力，右肩前顺。

17.歇步抡砸拳

① 重心稍升高，右脚尖外撇。右臂由胸前向上、向右抡直；左拳向下、向左，使臂抡直。目视右拳（图5-1-41）。

② 上动不停，两脚以前脚掌为轴，向右后转体120°。右臂向下、向后抡摆，左臂向上、向前随身体转动（图5-1-42）。

③ 紧接上动，两腿全蹲成歇步。左臂随身体下蹲向下平砸，拳心向上，臂部微屈；右臂伸直向上举起。目视左拳（图5-1-43）。

| 图5-1-41 | 图5-1-42 | 图5-1-43 |

要点

抡臂动作要连贯完成，划成立圆。歇步要两腿交叉全蹲，左腿大、小腿靠紧，臀部贴于左小腿外侧，膝关节在右小腿外侧，脚跟提起；右脚尖外撇，全脚掌着地。

18.仆步亮掌

① 右脚由左腿后抽出前上一步，左腿蹬直，右腿半蹲，成右弓步。上体微向右转。左拳收至腰侧，右拳变掌向下经胸前向右横击掌。目视右掌（图5-1-44）。

② 右脚蹬地屈膝提起，上体右转。左拳变掌从右掌上向下穿出，掌心向上；右掌平收至左肘下（图5-1-45）。

③ 右脚向右落步，屈膝蹲，左腿伸直，成仆步。左掌向下、向后划弧成勾手，勾尖向上；右掌向右、向上划弧微屈，抖腕成亮掌，掌心向前。头随右手转动，至亮掌时，目视左方（图5-1-46）。

| 图5-1-44 | 图5-1-45 | 图5-1-46 |

要点

仆步时，左腿充分伸直，脚尖里扣，右腿全蹲，两脚脚掌全部着地。上体挺胸、塌腰，稍左转。

19. 弓步劈拳

① 右腿蹬地立起；右腿收回并向左前方上步。右掌变拳收至腰侧，左勾手变掌由下向前上经胸前向左做搂手（图5-1-47）。

② 右腿经左腿前方向左绕上一步，左腿蹬直成右弓步。左手向左平搂后再向前挥摆，虎口朝前（图5-1-48）。

③ 在左手平搂的同时，右掌向后平摆，然后再向前、向上做抡劈拳，拳高与耳平，拳心向上，左掌外旋接扶右前臂。目视右拳（图5-1-49）。

图5-1-47　　　　　图5-1-48　　　　　图5-1-49

要点

左右脚上步稍带弧形。

20. 换跳步弓步冲拳

① 重心后移，右脚稍向后移动。右拳变掌臂内旋以掌背向下划弧挂至右膝内侧；左掌背贴靠右肘外侧，掌指向前。目视右掌（图5-1-50）。

② 右腿自然上抬，上体稍向左扭转。右掌挂至体左侧，左掌伸向右腋下。目随右掌转视（图5-1-51）。

③ 右脚以全脚掌用力向下震踩，与此同时，左脚急速离地抬起。右手由左向上、向前搂盖而后变拳收至腰侧；左掌伸直向下、向上、向前屈肘下按，掌心向下。上体右转，目视左掌（图5-1-52）。

④ 左脚向前落步，右腿蹬直成左弓步。右拳向前冲出，拳高与肩平；左掌藏于右腋下，掌背贴靠腋窝。目视右拳（图5-1-53）。

要点

换跳步动作要连贯、协调；震脚时腿要弯屈，全脚掌着地；左脚离地不要高。

图 5-1-50　　　　图 5-1-51　　　　图 5-1-52　　　　图 5-1-53

21.马步冲拳

上体右转90°，重心移至两腿中间，成马步。右拳收至腰侧，左掌变拳向左冲出，拳眼向上。目视左拳（图5-1-54）。

22.弓步下冲拳

右脚蹬直，左腿弯屈，上体稍向左转，成左弓步。左拳变掌向下经体前向上架于头左上方，掌心向上，右拳自腰侧向左前斜下方冲出。目视右拳（图5-1-55）。

图 5-1-54　　　　　　　　图 5-1-55

23.叉步亮掌侧踹腿

① 上体稍右转。左掌由头上下落于右手腕上，右拳变掌，两手交叉成十字。目视双手（图5-1-56）。

② 右脚蹬地并向左腿后插步，以前脚掌着地。左掌由体前向下、向后划弧成勾手，勾尖向上，右掌由前向右、向上划弧抖腕亮掌，掌心向前。目视左侧（图5-1-57）。

③ 重心移至右腿，左腿屈膝提起，向左上方猛力踹出。上肢姿势不变，目视左侧（图5-1-58）。

图 5-1-56　　　　　　图 5-1-57　　　　　　图 5-1-58

要点

插步时上体稍向右倾斜，腿、臂的动作要一致；侧踹高度不能低于腰，大腿内旋，着力点在脚跟。

24.虚步挑拳

① 左脚在左侧落地。右掌变拳稍后移，左勾手变拳由体后向左上挑，拳背向上（图5-1-59）。

② 上体左转120°，微含胸前俯。左拳继续向前、向上划弧上挑，右拳向下、向前划弧挂至右膝外侧，同时右膝提起。目视右拳（图5-1-60）。

③ 右脚向左前方上步，脚尖点地，重心落于左脚，左腿下蹲成右虚步。左拳向后划弧收至腰侧，拳心向上；右拳向前屈臂挑出，拳眼斜向上，拳与肩同高。目视右拳（图5-1-61）。

图5-1-59　　　　　　图5-1-60　　　　　　图5-1-61

第四段

25.弓步顶肘

① 重心升高，右脚踏实。右臂内旋向下直臂划弧以拳背下挂至右膝内侧，左拳不变。目视前下方（图5-1-62）。

② 左腿蹬直，右腿屈膝上抬。左拳变掌，右拳不变，两臂向前、向上划弧摆起。目随右拳转视（图5-1-63）。

③ 左脚蹬地起跳，身体腾空，两臂继续划弧至头上方（图5-1-64）。

图5-1-62　　　　　　图5-1-63　　　　　　图5-1-64

④ 右脚先落地，右腿屈膝，左脚向前落步，以前脚掌着地。同时两臂向右向下屈肘停于右胸前，右拳变掌，左掌变拳。右掌心贴靠左拳面（图5-1-65）。

⑤ 左脚向左上一步，左腿屈膝，右腿蹬直成左弓步，右掌推左拳，以左肘尖向左顶出，高与肩平。目视前方（图5-1-66）。

图5-1-65　　　　　　　　　　　图5-1-66

要点

交换步时不要过高，但要快。两臂抡摆时要成圆弧。

26.转身左拍脚

① 以两脚前脚掌为轴向右后转体120°。随着转体，右臂向上、向右、向下划弧抡摆，同时左拳变掌向下、向后、向前上抡摆（图5-1-67）。

② 左腿伸直向前上踢起，脚面绷平，左掌变拳收至腰侧，右掌由体后向上、向前拍击左脚面（图5-1-68）。

图5-1-67　　　　　　　　　　　图5-1-68

要点

右掌拍脚时手掌稍横过来，拍脚要准而响亮。

27.右拍脚

① 左脚向前落地，左拳变掌向下、向后摆，右掌变拳收至腰侧（图5-1-69）。

② 右腿伸直向前上踢起，脚面绷平。左拳变掌由后向上、向前拍击右脚面（图5-1-70）。

要点

与本段的转身左拍脚相同。

图 5-1-69

图 5-1-70

28. 腾空飞脚

① 右脚落地（图 5-1-71）。

② 左脚向前摆起，右脚猛力蹬地跳起，左腿屈膝继续前上摆。同时右拳变掌向前向上摆起，左掌先上摆而后下降拍击右掌背（图 5-1-72）。

③ 右腿继续上摆，脚面绷平。右手拍击右脚面，左掌由体前向后上举（图 5-1-73）。

图 5-1-71

图 5-1-72

图 5-1-73

要点

蹬地要向上，不要太向前冲，左膝尽量上提。击响要在腾空时完成，右臂伸直成水平。

29. 歇步下冲拳

① 左、右脚先后相继落地左掌变拳收至腰侧（图 5-1-74）。

② 身体右转90°，两腿全蹲成歇步。右掌抓握，外旋变拳收至腰侧；左拳由腰侧向前下方冲出。拳心向下。目视左拳（图 5-1-75）。

图 5-1-74

图 5-1-75

30.仆步抡劈拳

① 重心升高，右臂由腰侧向体后伸直，左臂随身体重心升高向上摆起（图5-1-76）。

② 以右脚前脚掌为轴，左腿屈膝提起，上体左转270°。左拳由前向后下划立圆一周，右拳由后向下、向前上划立圆一周（图5-1-77）。

③ 左腿向后落一步，屈膝全蹲，右腿伸直，脚尖里扣成右仆步。右拳由上向下抡劈，拳眼向上；左拳后上举，拳眼向上。目视右拳（图5-1-78）。

图5-1-76　　　　　　　图5-1-77　　　　　　　图5-1-78

🤸 要点

抡臂时一定要划立圆。

31.提膝挑掌

① 重心前移成右弓步。同时右拳变掌由下向上抡摆，左拳变掌稍下落，右掌心向左，左掌心向右（图5-1-79）。

② 左、右臂在垂直面上由前向后各划立圆一周。右臂伸直停于头上，掌心向左，掌指向上；左臂伸直停于身后成反勾手。同时右腿屈膝提起，左腿挺膝伸直独立。目视前方（图5-1-80）。

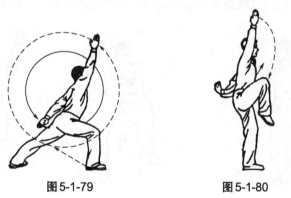

图5-1-79　　　　　　　　图5-1-80

🤸 要点

抡臂时要划立圆。

32.提膝劈掌弓步冲拳

① 下肢不动。右掌由上向下猛劈伸直，停于右小腿内侧，用力点在小指一侧；左勾手变掌，屈臂向前停于右上臂内侧，掌心向左。目视右掌（图5-1-81）。

② 右脚向右后落地；身体右转90°。同时左掌变拳收至腰侧，右臂内旋向右划弧做劈掌（图5-1-82）。

③ 上动不停，左腿蹬直成右弓步。右手抓握变拳收至腰侧，左拳由腰侧向左前方冲出。目视左拳（图5-1-83）。

图5-1-81

图5-1-82

图5-1-83

结束动作

33.虚步亮掌

① 右脚扣于左膝后，两拳变掌，两臂右上左下屈肘交叉于体左前。目视右掌（图5-1-84）。

② 右脚向右后落步，重心后移，右腿半蹲，上体稍右转。同时右掌向上、向右、向下划弧停于左腋下；左掌向左、向上划弧停于右臂上与左胸前，两掌心左下右上。目视左掌（图5-1-85）。

③ 左脚尖稍向右移，右腿下蹲成左虚步。左臂伸直向左、向后划弧成反勾手；右臂伸直向下、向右、向上划弧抖腕亮掌，掌心向前。目视左方（图5-1-86）。

图5-1-84

图5-1-85

图5-1-86

34.并步对拳

① 左腿后撤一步，同时两掌从两腰侧向前穿出伸直，掌心向上（图5-1-87）。

② 右腿后撤一步，同时两臂分别向体后下摆（图5-1-88）。

③ 左脚后退半步向右脚并拢。两臂由后向上经体前屈臂下按，两掌变拳，停于腹前，拳心向下，拳面相对。目视左方（图5-1-89）。

图 5-1-87

图 5-1-88

图 5-1-89

还原

两臂自然下垂，目视正前方（图 5-1-90）。

图 5-1-90

第二节　简化太极拳

一、动作名称

第一段

1. 起势
2. 左右野马分鬃
3. 白鹤亮翅

第二段

4. 左右搂膝拗步
5. 手挥琵琶
6. 左右倒卷肱

第三段

7. 左揽雀尾
8. 右揽雀尾

第四段

9. 单鞭
10. 云手
11. 单鞭

第五段

12. 高探马
13. 右蹬脚
14. 双峰贯耳
15. 转身左蹬脚

第六段

16. 左下势独立

17. 右下势独立

第七段

18. 左右穿梭
19. 海底针
20. 闪通臂

第八段

21. 转身搬拦捶
22. 如封似闭
23. 十字手
24. 收势

二、动作说明

第一段

1.起势

① 身体自然直立，两脚开立，与肩同宽，脚尖向前，两臂自然下垂，两手放在大腿外侧，眼向前平看（图5-2-1）。

要点

头颈正直，下颔微向后收，不要故意挺胸或收腹；精神要集中（起势由立正姿势开始，然后左脚向左分开，成开立步）。

② 两臂慢慢向前平举，两手高与肩平，与肩同宽，手心向下（图5-2-2）。

③ 上体保持正直，两腿屈膝下蹲；同时两掌轻轻下按，两肘下垂与两膝相对，眼平看前方（图5-2-3、图5-2-4）。

要点

两肩下沉，两肘松垂，手指自然微屈；屈膝松腰，臀部不可凸出，身体重心落于两腿中间；两臂下落和身体下蹲的动作要协调一致。

图5-2-1   图5-2-2   图5-2-3   图5-2-4

2.左右野马分鬃

① 上体微向右转，身体重心移至右腿上，同时右臂收在胸前平屈，手心向下，左手经体前向右下划弧放在右手下，手心向上，两手心相对成抱球状，左脚随即收到右脚内侧，脚尖点地，眼看右手（图5-2-5、图5-2-6）。

② 上体微向左转，左脚向左前方迈出，右脚跟后蹬，右腿自然伸直，成左弓步，同时上体继续向左转，左右手随转体慢慢分别向左上、右下分开，左手高与眼平（手心斜向上），肘微屈，右手落在右胯旁，肘也微屈，手心向下，指尖向前，眼看左手（图5-2-7～图5-2-9）。

图5-2-5   图5-2-6

图5-2-7　　　　　　　　图5-2-8　　　　　　　　图5-2-9

③ 上体慢慢后坐，身体重心移至右腿，左脚尖跷起，微向外撇（45°～60°），随后脚掌慢慢踏实，左腿慢慢前弓，身体左转，身体重心再移至左腿；同时左手翻转向下，左臂收在胸前平屈，右手向左上划弧放在左手下，两手心相对成抱球状；右脚随即收到左脚内侧，脚尖点地；眼看左手（图5-2-10～图5-2-12）。

图5-2-10　　　　　　　　图5-2-11　　　　　　　　图5-2-12

④ 右腿向右前方迈出，左腿自然伸直，成右弓步；同时上体右转，左右手随转体分别慢慢向左下、右上分开，右手高与眼平（手心斜向上），肘微屈；左手落在左胯旁，肘也微屈，手心向下，指尖向前；眼看右手（图5-2-13、图5-2-14）。

图5-2-13　　　　　　　　图5-2-14

⑤ 与③解同，只是左右相反（图5-2-15～图5-2-17）。
⑥ 与④解同，只是左右相反（图5-2-18、图5-2-19）。

图 5-2-15

图 5-2-16

图 5-2-17

图 5-2-18

图 5-2-19

要点

上体不可前俯后仰，胸部必须宽松舒展。两臂分开时要保持弧形。身体转动时要以腰为轴。弓步动作与分手的速度要均匀一致。做弓步时，迈出的脚先是脚跟着地，然后脚掌慢慢踏实，脚尖向前，膝盖不要超过脚尖；后腿自然伸直，前后脚夹角成45°～60°（需要时后脚脚跟可以后蹬调整）。野马分鬃式的弓步，前后脚的脚跟要分在中轴线两侧，它们之间的横向距离（即以动作行进的中线为纵轴，其两侧的垂直距离为横向）应该保持在10～30厘米左右。

3. 白鹤亮翅

① 上体微向左转，左手翻掌向下，左臂平屈胸前，右手向左上划弧，手心转向上，与左手成抱球状，眼看左手（图5-2-20）。

② 右脚跟进半步，上体后坐，身体重心移至右腿，上体先向右转，面向右前方，眼看右手；然后左脚稍向前移，脚尖点地，成左虚步，同时上体再微向左转，面向前方，两手随转体慢慢向右上、左下分开，右手上提停于右额前，手心向左后方，左手落于左胯前，手心向下，指尖向前；眼平看前方（图5-2-21、图5-2-22）。

要点

完成姿势胸部不要挺出，两臂上下都要保持半圆形，左膝要微屈。身体重心后移与右手上捋、左手下按要协调一致。

图 5-2-20   图 5-2-21   图 5-2-22

第二段

4.左右搂膝拗步

① 右手从体前下落，由下向后上方划弧至右肩外侧，肘微屈，手与耳同高，手心斜向上；左手由左下向上、向右下方划弧至右胸前，手心斜向下；同时上体先微向左再向右转；左脚收至右脚内侧，脚尖点地，眼看右手（图 5-2-23 ~ 图 5-2-25）。

图 5-2-23   图 5-2-24   图 5-2-25

② 上体左转，左脚向前（偏左）迈出成左弓步；同时右手屈回由耳侧向前推出，高与鼻尖平，左手向下由左膝前搂过落于左胯旁，指尖向前；眼看右手手指（图 5-2-26、图 5-2-27）。

图 5-2-26   图 5-2-27

③ 右腿慢慢屈膝，上体后坐，身体重心移至右腿，左脚尖跷起微向外撇，随后脚掌慢慢踏实，左腿前弓，身体左转，身体重心移至左腿，右脚收到左脚内侧，脚尖点地；同时左手向外翻掌由左后向上划弧至左肩外侧，肘微屈，手与耳同高，手心斜向上；右手随转体向上、向左下划弧落于左胸前，手心斜向上；眼看左手（图5-2-28～图5-2-30）。

图5-2-28　　　　　　图5-2-29　　　　　　图5-2-30

④ 与②解同，只是左右相反（图5-2-31、图5-2-32）。

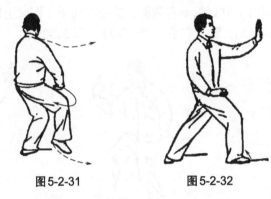

图5-2-31　　　　　　图5-2-32

⑤ 与③解同，只是左右相反（图5-2-33～图5-2-35）。

图5-2-33　　　　　　图5-2-34　　　　　　图5-2-35

⑥ 与②解同（图5-2-36、图5-2-37）。

要点

　　前手推出时，身体不可前俯后仰，要松腰、松胯。推掌时要沉肩垂肘、坐腕舒掌，同时须与松腰、弓腿上下协调一致。搂膝拗步成弓步时，两脚跟的横向距离保持约30厘米。

图 5-2-36　　　　　　　　　　　图 5-2-37

5.手挥琵琶

右脚跟进半步，上体后坐，身体重心转至右腿上，上体半面向右转，左脚略提起稍向前移，变成左虚步，脚跟着地，脚尖跷起，膝部微屈，同时左手由左下向上挑举，高与鼻尖平，掌心向右，臂微屈；右手收回放在左臂肘部里侧，掌心向左，眼看左手食指（图5-2-38 ～图5-2-40）。

图 5-2-38　　　　　　　图 5-2-39　　　　　　　图 5-2-40

要点

身体要平稳自然，沉肩垂肘，胸部放松。左手上起时不要直向上挑，要由左向上、向前，微带弧形。右脚跟进时，脚掌先着地，再全脚踏实。身体重心后移与左手上起、右手回收要协调一致。

6.左右倒卷肱

① 上体右转，右手翻掌（手心向上）经腹前由下向后上方划弧平举，臂微屈，左手随即翻掌向上；眼的视线随着向右转体先向右看，再转向前方看左手（图5-2-41、图5-2-42）。

图 5-2-41　　　　　　　　　图 5-2-42

② 右臂屈肘折向前，右手由耳侧向前推出，手心向前，左臂屈肘后撤，手心向上，撤至左肋外侧；同时左腿轻轻提起向后（偏左）退一步，脚掌先着地，然后全脚慢慢踏实，身体重心移到左腿上，成右虚步，右脚随转体以脚掌为轴扭正；眼看右手（图5-2-43、图5-2-44）。

图5-2-43　　　　　　　　　　　　图5-2-44

③ 上体微向左转，同时左手随转体向后上方划弧平举，手心向上，右手随即翻掌，掌心向上；眼随转体先向左看，再转向前方看右手（图5-2-45）。

④ 与②解同，只是左右相反（图5-2-46、图5-2-47）。

图5-2-45　　　　　　　图5-2-46　　　　　　　图5-2-47

⑤ 与③解同，只是左右相反（图5-2-48）。

⑥ 与②解同（图5-2-49、图5-2-50）。

图5-2-48　　　　　　　图5-2-49　　　　　　　图5-2-50

⑦ 与③解同（图5-2-51）。

⑧ 与②解同，只是左右相反（图5-2-52、图5-2-53）。

图5-2-51　　　　　　图5-2-52　　　　　　图5-2-53

要点

　　前推的手不要伸直，后撤手也不可直向回抽，随转体仍走弧线。前推时，要转腰、松胯，两手的速度要一致，避免僵硬。退步时，脚掌先着地，再慢慢全脚踏实，同时，前脚随转体以脚掌为轴扭正。退左脚略向左后斜，退右脚略向右后斜，避免使两脚落在一条直线上。后退时，眼神随转体动作先向左看，然后再转看前手。最后退右脚时，脚尖外撇的角度略大些，便于接做"左揽雀尾"的动作。

第三段

7.左揽雀尾

　　① 上体微向右转，同时右手随转体向后上方划弧平举，手心向上，左手放松，手心向下；眼看左手（图5-2-54）。

　　② 身体继续向右转，左手自然下落逐渐翻掌经腹前划弧至右肋前，手心向上；右臂屈肘，手心转向下，收至右胸前，两手相对成抱球状；同时身体重心落在右腿上，左脚收到右脚内侧，脚尖点地；眼看右手（图5-2-55、图5-2-56）。

图5-2-54　　　　　　图5-2-55　　　　　　图5-2-56

　　③ 上体微向左转，左脚向左前方迈出，上体继续向左转，右腿自然蹬直，左腿屈膝，成左弓步；同时左臂向左前方掤出（即左臂平屈成弓形，用前臂外侧和手背向前方推出），

高与肩平，手心向后；右手向右下落放于右胯旁，手心向下，指尖向前；眼看左前臂（图5-2-57、图5-2-58）。

图5-2-57

图5-2-58

要点

掤出时，两臂前后均保持弧形。分手、松腰、弓腿三者必须协调一致。揽雀尾弓步时，两脚跟横向距离不超过10厘米。

④ 身体微向左转，左手随即前伸翻掌向下，右手翻掌向上，经腹前向上、向前伸至左前臂下方；然后两手下捋，即上体向右转，两手经腹前向右后上方划弧，直至右手手心向上，高与肩齐，左臂平屈于胸前，手心向后；同时身体重心移至右腿；眼看右手（图5-2-59、图5-2-60）。

图5-2-59

图5-2-60

要点

下捋时，上体不可前倾，臀部不要凸出。两臂下捋须随腰旋转，仍走弧线。左脚全掌着地。

⑤ 上体微向左转，右臂屈肘折回，右手附于左手腕里侧（相距约5厘米），上体继续向左转，双手同时向前慢慢挤出，左手心向后，右手心向前，左前臂要保持半圆，同时身体重心逐渐前移变成左弓步，眼看左手腕部（图5-2-61、图5-2-62）。

要点

向前挤时，上体要正直。挤的动作要与松腰、弓腿相一致。

图 5-2-61

图 5-2-62

⑥ 左手翻掌，手心向下，右手经左腕上方向前、向右伸出，高与左手齐，手心向下，两手左右分开，宽与肩同，然后右腿屈膝，上体慢慢后坐，身体重心移至右腿上，左脚尖跷起，同时两手屈肘回收至腹前，手心均向前下方，眼向前平看（图 5-2-63 ~图 5-2-65）。

图 5-2-63

图 5-2-64

图 5-2-65

⑦ 上动不停，身体重心慢慢前移，同时两手向前、向上按出，掌心向前，左腿前弓成左弓步，眼平看前方（图 5-2-66）。

图 5-2-66

🐯 **要点**

向前挤时，两手须走曲线，手腕部高与肩平，两肘微屈。

8.右揽雀尾

① 上体后坐并向右转，身体重心移至右腿，左脚尖里扣；右手向右平行划弧至右侧，然后由右下经腹前向左上划弧至左肋前，手心向上；左臂平屈胸前，左手掌向下与右手成抱球状；同时身体重心再移至左腿上，右脚收至左脚内侧，脚尖点地；眼看左手（图5-2-67～图5-2-70）。

| 图5-2-67 | 图5-2-68 | 图5-2-69 | 图5-2-70 |

② 同"左揽雀尾"③解，只是左右相反（图5-2-71、图5-2-72）。

| 图5-2-71 | 图5-2-72 |

③ 同"左揽雀尾"④解，只是左右相反（图5-2-73、图5-2-74）。

| 图5-2-73 | 图5-2-74 |

④同"左揽雀尾"⑤解，只是左右相反（图5-2-75、图5-2-76）。

图5-2-75   图5-2-76

⑤同"左揽雀尾"⑥解，只是左右相反（图5-2-77～图5-2-79）。

图5-2-77   图5-2-78   图5-2-79

⑥同"左揽雀尾"⑦解，只是左右相反（图5-2-80）。

图5-2-80

🏃 要点

均与"左揽雀尾"相同，只是左右相反。

9.单鞭

① 上体后坐，身体重心逐渐移至左脚上，右脚尖里扣；同时上体左转，两手（左高右低）向左弧形运转，直至左臂平举，伸于身体左侧，手心向左，右手经腹前运至左肋前，手心向后上方；眼看左手（图5-2-81、图5-2-82）。

图5-2-81   图5-2-82

② 身体重心再渐渐移至右腿上，上体右转，左脚向右脚靠拢，脚尖点地；同时右手向右上方划弧（手心由里转向外），至右侧方时变勾手，臂与肩平；左手向下经腹前向右上划弧停于右肩前，手心向里；眼看左手（图5-2-83、图5-2-84）。

图5-2-83   图5-2-84

③ 上体微向左转，左脚向左前侧方迈出，右脚跟后蹬，成左弓步；在身体重心移向左腿的同时，左掌随上体的继续左转慢慢翻转向前推出，手心向前，手指与眼齐平，臂微屈；眼看左手（图5-2-85、图5-2-86）。

图5-2-85   图5-2-86

🏃 **要点**

上体保持正直，松腰。完成势时，右臂肘部稍下垂，左肘与左膝上下相对，两肩下沉。左手向外翻掌前推时，要随转体边翻边推出，不要翻掌太快或最后突然翻掌。全部过渡动作，上下要协调一致。如面向南起势，单鞭的方向（左脚尖）应向东偏北（大约为15°）。

10. 云手

① 身体重心移至右腿上，身体渐向右转，左脚尖里扣；左手经腹前向右上划弧至右肩前，手心斜向后，同时右手变掌，手心向右前；眼看左手（图5-2-87 ~ 图5-2-89）。

图5-2-87　　　　　　　　　图5-2-88　　　　　　　　　图5-2-89

② 上体慢慢左转，身体重心随之逐渐左移；左手由脸前向左侧运转，手心渐渐转向左方；右手由右下经腹前向左上划弧，至左肩前，手心斜向后；同时右脚靠近左脚，成小开立步（两脚距离10 ~ 20厘米）；眼看右手（图5-2-90、图5-2-91）。

图5-2-90　　　　　　　　　图5-2-91

③ 上体再向右转，同时左手经腹前向右上划弧至右肩前，手心斜向后；右手向右侧运转，手心翻转向右；随之左腿向左横跨一步；眼看左手（图5-2-92 ~ 图5-2-94）。

图5-2-92　　　　　　　　　图5-2-93　　　　　　　　　图5-2-94

④同②解（图5-2-95、图5-2-96）。

图5-2-95

图5-2-96

⑤同③解（图5-2-97～图5-2-99）。

图5-2-97

图5-2-98

图5-2-99

⑥同②解（图5-2-100、图5-2-101）。

图5-2-100

图5-2-101

🏃 要点

身体转动要以腰脊为轴，松腰、松胯，不可忽高忽低。两臂随腰的转动而运转，要自然圆活，速度要缓慢均匀。下肢移动时，身体重心要稳定，两脚掌先着地再踏实，脚尖向前，眼的视线随左右手而移动，第三个"云手"，右脚最后跟步时，脚尖微向里扣，便于接"单鞭"动作。

11.单鞭

① 上体向右转，右手随之向右运转，至右侧方时变成勾手；左手经腹前向右上划弧至右肩前，手心向内，身体重心落在右腿上，左脚尖点地，眼看左手（图5-2-102 ~ 图5-2-104）。

图5-2-102　　　　　　图5-2-103　　　　　　图5-2-104

② 上体微向左转，左脚向左前侧方迈出，右脚跟后蹬，成左弓步，在身体重心移向左腿的同时，上体继续左转，左掌慢慢翻转向前推出，成"单鞭"式（图5-2-105、图5-2-106）。

图5-2-105　　　　　　　图5-2-106

要点

与前"单鞭"式相同。

第五段

12.高探马

① 右脚跟进半步，身体重心逐渐后移至右腿上，右勾手变成掌，两手心翻转向上，两肘微屈，同时身体微向右转，左脚跟渐渐离地，眼看左前方（图5-2-107）。

② 上体微向左转，面向前方，右掌经右耳旁向前推出，手心向前，手指与眼同高，左手收至左侧腰前，手心向上，同时左脚微向前移，脚尖点地，成左虚步，眼看右手（图5-2-108）。

图 5-2-107　　　　　　　　图 5-2-108

要点

上体自然正直，双肩要下沉，右肘微下垂。跟步移换重心时，身体不要有起伏。

13.右蹬脚

① 左手手心向上，前伸至右手腕背面，两手相互交叉，随即向两侧分开并向下划弧，手心斜向下，同时左脚提起向左前侧方进步（脚尖略外撇），身体重心前移，右腿自然蹬直，成左弓步，眼看前方（图5-2-109～图5-2-111）。

图 5-2-109　　　　　　　图 5-2-110　　　　　　　图 5-2-111

② 两手由外圈向里圈划弧，两手交叉合抱于胸前，右手在外，手心均向后，同时右脚向左脚靠拢，脚尖点地；眼平看右前方（图5-2-112）。

③ 两臂左右划弧分开平举，肘部微屈，手心均向外，同时右腿屈膝提起，右脚向右前方慢慢蹬出，眼看右手（图5-2-113、图5-2-114）。

图 5-2-112　　　　　　　图 5-2-113　　　　　　　图 5-2-114

✦ 要点

　　身体要稳定，不可前俯后仰。两手分开时，腕部与肩齐平。蹬脚时，左腿微屈，右脚尖回勾，劲使在脚跟。分手和蹬脚须协调一致。右臂和右腿上下相对。如面向南起势，蹬脚方向应为正东偏南（约30°）。

14.双峰贯耳

　　① 右腿收回，屈膝平举，左手由后向上、向前下落至体前，两手心均翻转向上，两手同时向下划弧分落于右膝盖两侧，眼看前方（图5-2-115、图5-2-116）。

图5-2-115　　　　　　　　　　　　图5-2-116

　　② 右脚向右前方落下，身体重心渐渐前移，成右弓步，面向右前方；同时两手下落，慢慢变拳，分别从两侧向上、向前划弧至面部前方，成钳形状，两拳相对，高与耳齐，拳眼都斜向内下（两拳中间距离10～20厘米），眼看右拳（图5-2-117、图5-2-118）。

图5-2-117　　　　　　　　　　　　图5-2-118

✦ 要点

　　完成势时，头颈正直，松腰、松胯，两拳松握，沉肩垂肘，两臂均保持弧形。双峰贯耳式的弓步和身体方向与右蹬脚方向相同。弓步的两脚跟横向距离同"揽雀尾"式。

15.转身左蹬脚

　　① 左腿屈膝后坐，身体重心移至左腿，上体左转，右脚尖里扣；同时两拳变掌，由上向左右划弧分开平举，手心向前，眼看左手（图5-2-119、图5-2-120）。

图5-2-119　　　　　　　　图5-2-120

　　② 身体重心再移至右腿，左脚收到右脚内侧，脚尖点地，同时两手由外圈向里圈划弧合抱于胸前，左手在外，手心均向后；眼平看左方（图5-2-121、图5-2-122）。

图5-2-121　　　　　　　　图5-2-122

　　③ 两臂左右划弧分开平举，肘部微屈，手心均向外，同时左腿屈膝提起，左脚向左前方慢慢蹬出；眼看左手（图5-2-123、图5-2-124）。

图5-2-123　　　　　　　　图5-2-124

要点

　　与右蹬脚式相同，只是左右相反。左蹬脚方向与右蹬脚成180°（即正西偏北，约30°）。

第六段

16.左下势独立

① 左腿收回平屈，上体右转；右掌变成勾手，左掌向上，向右划弧下落，立于右肩前，掌心斜向后，眼看右手（图5-2-125、图5-2-126）。

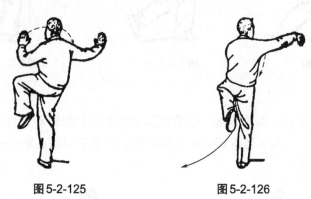

图5-2-125　　　　　　　　　图5-2-126

② 右腿慢慢屈膝下蹲，左腿由内向左侧（偏后）伸出，成左仆步，左手下落（掌心向外）向左下顺左腿内侧向前穿出，眼看左手（图5-2-127、图5-2-128）。

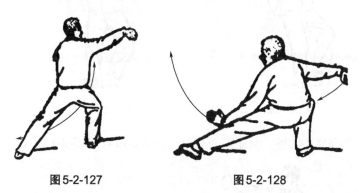

图5-2-127　　　　　　　　　图5-2-128

要点

右腿全蹲时，上体不可过于前倾。左腿伸直，左脚尖须向里扣，两脚脚掌全部着地。左脚尖与右脚跟踏在中轴线上。

③ 身体重心前移，左脚跟为轴，脚尖尽量向外撇，左腿前弓，右腿后蹬，右脚尖里扣，上体微向左转并向前起身；同时左臂继续向前伸出（立掌），掌心向右，右勾手下落，勾尖向后；眼看左手（图5-2-129）。

④ 右腿慢慢提起平屈，成左独立式，同时右勾手变掌，并由后下方顺右腿外侧向前弧形摆出，屈臂立于右腿上方，肘与膝相对，手心向左，左手落于左胯旁，手心向下，指尖向前，眼看右手（图5-2-130、图5-2-131）。

要点

上体要正直，独立的腿要微屈，右腿提起时脚尖自然下垂。

图5-2-129

图5-2-130

图5-2-131

17.右下势独立

① 右脚下落于左脚前，脚掌着地，然后左脚前掌为轴脚跟转动，身体随之左转，同时左手向后平举变成勾手，右掌随着转体向左侧划弧，立于左肩前，掌心斜向后，眼看左手（图5-2-132、图5-2-133）。

图5-2-132

图5-2-133

② 同"左下势独立"②解，只是左右相反（图5-2-134、图5-2-135）。

图5-2-134   图5-2-135

③ 同"左下势独立"③解，只是左右相反（图5-2-136）。
④ 同"左下势独立"④解，只是左右相反（图5-2-137、图5-2-138）。

要点

右脚尖触地后必须稍微提起，然后再向下仆腿。其他均与"左下势独立"相同，只是左右相反。

图 5-2-136　　　　　图 5-2-137　　　　　图 5-2-138

第七段

18.左右穿梭

① 身体微向左转，左脚向前落地，脚尖外撇，右脚跟离地，两腿屈膝成半坐盘式；同时两手在左胸前成抱球状（左上右下）；然后右脚收到左脚的内侧，脚尖点地，眼看左前臂（图5-2-139 ～图5-2-141）。

图 5-2-139　　　　　图 5-2-140　　　　　图 5-2-141

② 身体右转，右脚向右前方迈出，屈膝弓腿，成右弓步；同时右手由脸前向上举并翻掌停在右额前，手心斜向上，左手先向左下再经体前向前推出，高与鼻尖平，手心向前，眼看左手（图5-2-142 ～图5-2-144）。

图 5-2-142　　　　　图 5-2-143　　　　　图 5-2-144

③ 身体重心略向后移，右脚尖稍向外撇，随即身体重心再移至右腿，左脚跟进，停于右脚内侧，脚尖点地；同时两手在右胸前成抱球状（右上左下），眼看右前臂（图5-2-145、图5-2-146）。

图5-2-145

图5-2-146

④ 同②解，只是左右相反（图5-2-147 ~ 图5-2-149）。

图5-2-147

图5-2-148

图5-2-149

要点

完成姿势面向斜前方（如面向南起势，左右穿梭方向分别为正西偏北和正西偏南，均约30°）。手推出后，上体下可前俯。手向上举时，防止引肩上耸。一手上举一手前推要与弓腿、松腰上下协调一致。做弓步时，两脚跟的横向距离同搂膝拗步式，保持在30厘米左右。

19. 海底针

右脚向前跟进半步，身体重心移至右腿，左脚稍向前移，脚尖点地，成左虚步；同时身体稍向右转，右手下落经体前向后、向上提抽至肩上耳旁，再随身体左转，由右耳旁斜向前下方插出，掌心向左，指尖斜向下；与此同时，左手向前、向下划弧落于左胯旁，手心向下，指尖向前；眼看前下方（图5-2-150、图5-2-151）。

图5-2-150

图5-2-151

🏃 **要点**

　　身体要先向右转，再向左转。完成姿势，面向正西。上体不可太前倾。避免低头和臀部外凸。左腿要微屈。

20.闪通臂

　　上体稍向右转，左脚向前迈出，屈膝弓腿成左弓步；同时右手由体前上提，屈臂上举，停于右额前上方，掌心翻转斜向上，拇指朝下；左手上起经胸前向前推出，高与鼻尖平，手心向前；眼看左手（图5-2-152～图5-2-154）。

图5-2-152　　　　　　　　图5-2-153　　　　　　　　图5-2-154

🏃 **要点**

　　完成姿势上体自然正直，松腰、松胯；左臂不要完全伸直，背部肌肉要伸展开。推掌、举掌和弓腿动作要协调一致。弓步时，两脚跟横向距离同"揽雀尾"式（不超过10厘米）。

第八段

21.转身搬拦捶

　　① 上体后坐，身体重心移至右腿上，左脚尖里扣，身体向右后转，然后身体重心再移至左腿上；与此同时，右手随着转体向右、向下（变拳）经腹前划弧至左肋旁，掌心向下；左掌上举于头前，掌心斜向上，眼看前方（图5-2-155、图5-2-156）。

　　② 脚尖向前，同时右脚收回后（不要停顿或脚尖点地）即向前迈出，脚尖外撇；眼看右拳（图5-2-157、图5-2-158）。

图5-2-155　　　　　　　　　　　图5-2-156

图 5-2-157　　　　　　　　　　图 5-2-158

③ 身体重心移至右腿上，左脚向前迈一步；左手上起经左侧向前上划弧拦出，掌心向前下方；同时右拳向右划弧收到右腰旁，拳心向上；眼看左手（图 5-2-159、图 5-2-160）。

④ 左腿前弓成左弓步，同时右拳向前打出，拳眼向上，高与胸平，左手附于右前臂里侧；眼看右拳（图 5-2-161）。

图 5-2-159　　　　　　　图 5-2-160　　　　　　　图 5-2-161

要点

右拳不要握得太紧。右拳回收时，前臂要慢慢内旋划弧，然后再外旋停于右腰旁，拳心向上。向前打拳时，右肩随拳略向前引伸，沉肩垂肘，右臂要微屈。弓步时，两脚横向距离同"揽雀尾"式。

22.如封似闭

① 左手由右腕下向前伸出，右拳变掌，两手手心逐渐翻转向上并慢慢分开回收；同时身体后坐，左脚尖跷起，身体重心移至右腿；眼看前方（图 5-2-162 ～ 图 5-2-164）。

图 5-2-162　　　　　　　图 5-2-163　　　　　　　图 5-2-164

② 两手在胸前翻掌，向下经腹前再向上、向前推出，腕部与肩平，手心向前；同时左腿前弓成左弓步；眼看前方（图5-2-165～图5-2-167）。

图 5-2-165　　　　　　　　图 5-2-166　　　　　　　　图 5-2-167

✕ 要点

身体后坐时，避免后仰，臀部不可凸出。两臂随身体回收时，肩、肘部略向外松开，不要直着抽回。两手推出宽度不要超过两肩。

23.十字手

① 屈膝后坐，身体重心移向右腿，左脚尖里扣，向右转体；右手随着转体动作向右平摆划弧，与左手成两臂侧平举，掌心向前，肘部微屈；同时右脚尖随着转体稍向外撇，成右侧弓步；眼看右手（图5-2-168、图5-2-169）。

图 5-2-168　　　　　　　　　图 5-2-169

② 身体重心慢慢移至左腿，右脚尖里扣，随即向左收回，两脚距离与肩同宽，两腿逐渐蹬直，成开立步，同时两手向下经腹前向上划弧交叉合抱于胸前，两臂撑圆，腕高与肩平，右手在外，成十字手，手心均向后；眼看前方（图5-2-170、图5-2-171）。

图 5-2-170　　　　　　　　图 5-2-171

要点

两手分开和合抱时，上体不要前俯。站起后，身体自然正直，头要微向上顶，下颏稍向后收。两臂环抱时须圆满舒适，沉肩垂肘。

24. 收势

两手向外翻掌，手心向下，两臂慢慢下落，停于身体两侧；眼看前方（图5-2-172 ～ 图5-2-174）。

图5-2-172　　　　　　图5-2-173　　　　　　图5-2-174

要点

两手左右分开下落时，要注意全身放松，同时气也徐徐下沉（呼气略加长）。呼吸平稳后，把左脚收到右脚旁，再走动休息。

第三节　少年拳第二套

一、动作名称

第一段

1. 抡臂砸拳
2. 望月平衡
3. 跃步冲拳
4. 弹踢冲拳

第二段

5. 马步横打
6. 并步搂手

7. 弓步推掌
8. 搂手勾踢

第三段

9. 缠腕冲拳
10. 转身劈掌
11. 砸拳侧踹
12. 撩拳收抱

二、动作说明

长拳初级套路适合于武术基础训练，尤其适合于青少年锻炼。它具有动作舒展大方、快速有力、动迅静定、节奏鲜明的运动特点。少年拳动作少，编排紧凑，具有传统的武术基本动作和技法，体现了稳、准、快、流畅的技术风格。通过练习可以使学生初步体味武术特有的魅力，并达到强身健体效果。

第一段

1.抡臂砸拳

① 左脚向左跨一步，以前脚掌着地，上体右转，左拳变掌向右前下方伸出，掌心向下（图5-3-1、图5-3-2）。

② 上动不停，向左后方转体180°，同时左手向上、向左、向下绕环屈臂外旋，使掌心向上置于腹前；右手向右后、向上抡起下砸，以拳背砸击左掌心作响，同时右腿屈膝提起，在砸拳的同时下踩震脚成并步半蹲，上体稍前倾；目视前下方（图5-3-3）。

图5-3-1　　　　　　图5-3-2　　　　　　图5-3-3

常用教学手段

① 分解练习。撤步、左臂前伸；抡臂转体，抬起右腿；砸拳、震腿成并步下蹲。

② 完整练习。要求震脚有力，不要弓腰、瘚臀和跪膝。分解、完整。

2.望月平衡

右脚后撤一步起立，同时右拳变掌，两手左右分开上摆，左手在头左斜上方抖腕亮掌；右手至右侧平举部位抖腕成立掌，掌心向右；左腿屈膝，小腿向右上提贴于右膝窝，脚面向下。眼随左掌转动，在抖腕亮掌的同时向右转头。目向右平视（图5-3-4）。

动作要点：抖腕、转头、提腿的动作要同时进行。

攻防含义：回顾身后。

常用教学手段

① 分解练习。第一步，左脚向左后伸，脚尖点地。右臂摆至上举部位，左臂摆至侧平举部位；第二步，举右腿屈膝，抖腕亮掌、甩头成望月平衡。

② 完整练习。注意动作规格，加强素质练习。分解、完整。

图5-3-4

3.跃步冲拳

① 左脚向前落步，右腿屈膝向前上提，左脚随即蹬地向前跃出，两臂向前、向上绕环摆动，目视右掌（图5-3-5）。

② 右脚落地全蹲，左脚随即落地向前伸直平铺地面成仆步；两臂同时继续由上向右、向下绕环，右掌变拳收抱于右腰侧；左掌屈臂成立掌停于右胸前。目视前方（图5-3-6）。

③ 左掌经左脚面向外横搂，同时重心前移，右腿蹬直成左弓步；左掌变拳收抱于腰侧，右拳向前冲出，拳心向下。目视右拳（图5-3-7）。

图5-3-5   图5-3-6   图5-3-7

动作要点：跃步要远，落地要轻。跃步时要与两手的动作自然相随。

攻防含义：跃步接近对方后，右拳前击。

常用教学手段

① 分解练习。第一步，将上肢动作分成三拍教，即左臂后摆、右臂左右摆；两臂绕环或右手抱拳于右腰侧，左手立掌于胸前；搂手冲拳。第二步，把下肢动作分成三拍教，即跃步落地成侧面站立姿势；成仆步；弓步。姿势先高后低，先分拍做后连贯做。或按照提膝挂掌——跃步双摆掌——仆步立掌——弓步搂手冲拳四个部分进行分解教学。

② 基本掌握各动作方法后再做完整动作练习。

③ 仆步变弓步是难点之一，可分解练习。分解、完整、仆步变弓步是难点之一。

4.弹踢冲拳

重心移至左腿，右腿屈膝提起，在膝盖接近水平时，脚面绷平猛力向前弹踢；右掌收抱于腰侧，左拳向前冲出，拳心向下。目向前平视（图5-3-8）。

动作要点：弹踢时力点达于脚面，支撑腿可微屈。

攻防含义：接上势向前踢打。

常用教学手段

① 分解练习。直立两手抱拳于腰间，两腿交替做弹踢练习。

② 完整动作练习。配合冲拳做弹踢动作。分解、完整。

图5-3-8

第二段

5.马步横打

右脚向前落步，脚尖内扣，左拳收抱于腰侧，右拳臂内旋向右后伸出，在向左转体90°成马步的同时，向前平摆横打。目视右拳前方（图5-3-9）。

动作要点：横打与转体的动作要协调一致，并要借转体拧腰的力量发力。

攻防含义：接上势，右拳横贯对方头部。

常用教学手段

① 分解练习。右脚跟着地，脚尖内扣，右臂后摆，重心偏于左腿；扣脚、转髋以左肩为轴，拧腰挥臂横打。

② 完整动作练习。着重体会全身用力和用力顺序。分解、完整。

6.并步搂手

右脚向左脚并拢下蹲，右拳变掌直接向右小腿外侧下搂，至右小腿旁变勾手继续后摆停于体侧后方，勾尖向上。目视右方（图5-3-10）。

动作要点：并步与搂手要同时进行，上体正直微前倾。

攻防含义：抄搂对方踢击之脚。

常用教学手段

直接完整练习，防止出现勾手太早和弓腰、蹶臀等错误动作。

7.弓步推掌

上体向左转体90°，左脚前上一步成左弓步；同时右勾手变拳收抱于腰侧，左拳变掌向前推出，掌心向前，目视前方（图5-3-11）。

动作要点：转体、上步与推掌的动作要协调一致。

攻防含义：转身前推对方胸部。

常用教学手段

原地—行进间。

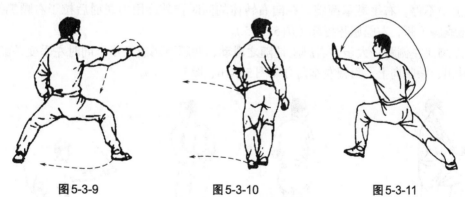

图5-3-9　　　　　图5-3-10　　　　　图5-3-11

8.搂手勾踢

① 右拳变掌经后下直臂向上、向前绕环落于左腕上交叉，同时重心移至左腿（图5-3-12）。

② 上动不停，两臂向下后摆分掌搂手，至体侧后反臂成勾手，勾尖向上，同时右脚尖

上勾，脚跟擦地面，向左斜前方踢出。身体随之半面向左转。目视左前方（图5-3-13）。

| 图5-3-12 | 图5-3-13 |

动作要点：两腕交叉和分掌搂手的动作要连贯，勾踢时力点达于脚腕内侧。

攻防含义：下搂对方抓己之左手的同时，勾踢其前脚。

常用教学手段

① 分解练习。弓步推掌做抡臂练习；左腿直立做右脚勾踢动作。或者按绕环架掌和搂手勾踢两个部分进行分解教学。绕环架掌，在弓步推掌的基础上，右拳变掌经后下向上、向前直臂环绕落于左腕上成交叉架掌，眼随右手。搂手勾踢，绕环架掌后，两臂迅速向下、向后摆，搂手成反臂勾手，勾尖向上，同时身体稍向左转，右脚尖上勾，脚跟擦地面，向左斜前方用力勾踢，眼看左前方。

② 完整练习。分解、完整练习。

第三段

9.缠腕冲拳

① 两勾手变掌前摆于腹前，左手抓握右手腕，右腿屈膝，小腿自然下垂（图5-3-14）。

② 上动不停，右手翻掌缠腕，在向右转体的同时臂外旋用力屈肘后拉于右腰侧抱拳，右脚跺地震脚下蹲，左腿屈膝提起（图5-3-15）。

③ 左脚向左侧跨一大步，右脚蹬地随之滑动，两腿下蹲成马步，同时左手变拳经左腰侧向左冲出，拳眼向上。目视左掌前方（图5-3-16、图5-3-17）。

| 图5-3-14 | 图5-3-15 | 图5-3-16 | 图5-3-17 |

动作要点：屈肘后拉与转体、跨步与冲拳要同时，抓握、缠腕、屈肘后拉、转体、震脚要连贯。

攻防含义：缠拿对方捉己之右腕，随即左拳冲其头部。

常用教学手段

① 分解练习。搭手—缠腕、跳换步—马步冲拳。

② 滑步成马步是动作难点之一。可在练习人左方一定距离的地面上画一横线，要求左脚跨过横线。对动作要求是跨得出、跟得上，上步成型正确。

③ 完整练习。要求提膝震脚落地作响。分解、滑步成马步是难点之一、完整。

10.转身劈掌

① 右脚蹬地屈膝上提向右转体90°，随身体直立两拳变掌直接上举，在头前上方以右手背击左掌心作响，目视前方（图5-3-18）。

② 上动不停，继续向右后转体180°，右脚向前落步成右弓步，同时左掌变拳收抱于腰侧，右掌下劈成侧立掌，小指一侧向前。目视前方（图5-3-19）。

图 5-3-18　　　　　　　　　　　　图 5-3-19

动作要点：转体以左脚掌为轴转270°，动作要连贯、平稳；右脚落步要下跺并与劈掌动作一致。

攻防含义：转身后右掌下劈对方面部。

常用教学手段

① 原地举臂击响，右脚前迈成右弓步，同时右掌下劈左手抱拳。

② 左右开立，以左脚为轴向右转体180°成弓步。逐步做到转体270°，动作准确，身体稳定。

③ 完整动作练习。原地右弓步劈拳、以左脚为轴右转成弓步、完整。

11.砸拳侧踹

① 右脚蹬地屈膝上提，重心移至左腿并向左转体90°，成提膝直立姿势；同时左拳变掌置于腹前，掌心向上，右掌变拳上举至头前上方，在右脚下跺震脚成并步下蹲的同时，以拳背砸击左掌作响。目视右拳前下方（图5-3-20）。

② 右腿直立，左腿屈膝上提，脚尖上勾，以脚跟向左下方踹出与膝盖同高，上体稍向右倾斜；同时左掌变拳收抱于腰侧，右拳上举横架于头前斜上方，拳心向上。目视左方（图5-3-21）。

图5-3-20 图5-3-21

动作要点：砸拳与震脚要同时完成，侧踹要快速有力，身体要稳定。

常用教学手段

分别练上架侧踹和砸拳震脚；完整练习。

12.撩拳收抱

① 左脚向左落地并向左转体90°成左弓步；右拳由上向后、向下以拳面撩出停于左膝前上方；左拳变掌拍击右拳背作响。目视右拳（图5-3-22）。

② 左脚蹬地起立向右转体90°；两臂上举，两手变掌于头前上方交叉，掌心向前。目视前方（图5-3-23）。

③ 上动不停，左脚收回与右脚并拢，两掌变拳左右分开后，屈肘收抱于腰侧。头向左转，目视左前方（图5-3-24）。

动作要点：撩拳要有力，拍击要响亮，收抱动作要连贯。

攻防含义：下撩对方裆部。

④ 还原势：直立。两拳变掌，直臂下垂，头向右转，目视前方（图5-3-25）。

图5-3-22 图5-3-23 图5-3-24 图5-3-25

常用教学手段

① 分两拍做弓步撩拳。右臂向右后下落，左臂向左侧摆出，左脚脚跟落地，重心偏于右腿；蹬右腿，弓左膝成弓步，同时撩拳。

② 完整动作练习。

③ 注意纠正收抱动作幅度小、撩拳不到位这两个易犯的错误。

第四节　初级刀术

一、动作名称

预备势

第一段

1. 弓步缠头
2. 虚步藏刀
3. 弓步前刺
4. 并步上挑
5. 左抡劈
6. 右抡劈
7. 弓步撩刀
8. 弓步藏刀

第二段

1. 提膝缠头

2. 弓步平斩
3. 仆步带刀
4. 歇步下砍
5. 左劈刀
6. 右劈刀
7. 歇步按刀
8. 马步平劈

第三段

1. 弓步撩刀
2. 插步反撩
3. 转身挂劈
4. 仆步下砍
5. 架刀前刺

6. 左斜劈
7. 右斜劈
8. 虚步藏刀

第四段

1. 旋转扫刀
2. 翻身劈刀
3. 缠头箭踢
4. 仆步按刀
5. 缠头蹬腿
6. 虚步藏刀
7. 弓步缠头
8. 并步抱刀

结束动作

二、动作说明

预备势

两脚并立，目平视前方。左手抱刀（虎口朝下，拇指在前、其余四指在后握住刀柄，手腕部贴靠刀盘），刀刃朝前，刀尖朝上，刀背贴靠前臂内侧；右手五指并拢，垂于身体右侧（图5-4-1）。

图5-4-1

（一）

① 右手向右、向上成弧形直臂绕环上举，手心朝左（图5-4-2）。

② 右臂外旋并屈肘，从左肩下降至左腋近侧，手心朝上；左手握刀在右手屈肘下降的同时，由身前屈肘从右臂里面直臂向上穿出，手心朝右，刀尖朝下。目视右手（图5-4-3）。

③ 右手从左腋向下、向右弧形绕环，同时左手握刀从上向左、向下弧形绕环。目随右手（图5-4-4）。

④ 右手继续向上绕环至头顶，屈腕成横掌，掌心朝前，肘关节微屈，左手握刀继续向下绕环至身后，反臂斜举，手心朝右。右腿在右手成横掌的同时屈膝半蹲，左脚则随之向前伸出，前脚掌虚点地面，膝微屈。目向左平视（图5-4-5）。

图5-4-2　　　　图5-4-3　　　　图5-4-4　　　　图5-4-5

要点

① 上述四个分解动作必须连贯起来做，不要中断。

② 成虚步时，必须虚实分清。要挺胸、塌腰。

（二）

① 左脚向前上半步，膝略屈。右脚不动，腿蹬直。右掌同时从身前向身后弧形下落，至身后反臂斜举（图5-4-6）。

② 右脚前进一步，膝略屈。左脚不动，腿蹬直。左手握刀与右手同时从身后向两侧平举（图5-4-7）。

③ 右腿伸直，左脚向前并步。左手握刀与右手同时从两侧向前额前上方绕环，至额前上方时，右手拇指张开贴近刀盘，准备接握左手之刀（图5-4-8）。

图5-4-6　　　　　图5-4-7　　　　　图5-4-8

上半步、进一步和并步的动作，必须与两臂从后向额前上方绕环的动作协调一致。

第一段

1.弓步缠头

① 右腿屈膝略蹲，左脚向左上步。右手持刀使刀背贴身从左绕向身后，左臂内旋（拇指一侧朝下）向左伸出，掌心朝后。目向左平视（图5-4-9）。

② 上身左转，右腿挺膝伸直，左腿屈膝半蹲，成左弓箭步。右手持刀手心朝下，与上身左转的同时从身后向右、向前、向左肋处绕环平扫，手心朝下，刀背贴靠于左肋，刀身平放，刀尖朝后，左臂随之屈肘上举，至头顶上方成横掌。目向前平视（图5-4-10）。

图5-4-9　　　　　　　　　　图5-4-10

缠头时，刀背必须贴着脊背绕行。扫刀时，刀身必须平行，迅速有力。

2.虚步藏刀

① 上身右转，左腿伸直，右腿屈膝。右手持刀，手心朝下，与上身右转的同时从左肋处向右平扫，刀背朝前，左掌随之向左侧平落，手心向上。目视刀身（图5-4-11）。

② 顺扫刀之势右臂外旋，手心朝上，使刀背向身后平摆（图5-4-12）。

图5-4-11　　　　　　　　　　图5-4-12

③ 以右脚前脚掌为轴蹍地，脚跟外展，上身随之左转。左脚后收半步，膝关节微屈，右腿屈膝略蹲。右手持刀，刀尖朝下，从背后向左肩外侧绕行，同时左手经体前向下、向右腋处弧形绕环。目向左前方平视（图5-4-13）。

④ 右腿屈膝半蹲，左腿微屈膝，左脚前脚掌点地，成右实左虚之虚步。右手持刀从左肩外侧向下、向后拉回，肘略屈，刀刃朝下，刀尖朝前；左手随即向前成侧立掌平直推出，掌指朝上。目视左掌（图5-4-14）。

图5-4-13　　　　　　　　图5-4-14

要点

以上四个分解动作，必须连贯起来做。扫刀要平，绕刀要使刀背贴靠脊背。

3. 弓步前刺

左脚稍前移，踏实，右脚随即向前上步，左腿挺膝伸直，右腿屈膝半蹲，成右弓箭步。左掌在上步的同时从前向上、向后直臂弧形绕环，至身后平举成勾手，勾尖朝下，右手持刀随之向前直刺，刀刃朝下，刀尖朝前。目视刀尖（图5-4-15）。

要点

刀尖和右手、右肩要平行，上身略向前探。

4. 并步上挑

左脚不动，重心后移，右脚蹬地回收，向左脚靠拢，并步直立。右手持刀在右脚向后并步的同时向上挑起，并屈腕使刀身向背后落下，刀尖朝下，刀背贴靠脊背，左勾手随之向左平摆，与肩同高。目向前平视（图5-4-16）。

要点

要挺胸、直背，两腿伸直，左臂伸平，右肘微屈。

图5-4-15　　　　　　　　图5-4-16

5.左抢劈

① 左脚不动，右脚向左斜前方上步。右手持刀同时向左斜前方劈下，左勾手变掌附于右肘处。目视刀身（图5-4-17）。

② 顺劈刀之势右臂内旋屈腕，使刀尖从下摆向身后，身体重心逐渐前移（图5-4-18）。

③ 右脚不动，左脚向左斜前方上步，右腿挺膝伸直，左腿屈膝半蹲，成左弓箭步。右手持刀向上提起，刀刃朝上，左掌仍附于右肘处（图5-4-19）。

④ 右手持刀从上向右斜前方劈下，刀尖稍向上翘，左臂同时屈肘上举，至头顶上方成横掌。目视刀尖（图5-4-20）。

图5-4-17　　　　　图5-4-18　　　　　图5-4-19　　　　　图5-4-20

要点

抢劈动作必须连贯、有力，与步法配合一致。

6.右抢劈

① 右腿屈膝略蹲，重心后移至右腿上，左膝微屈；右手持刀向右下方抽回，刀刃朝下（图5-4-21）。

② 右手持刀继续运转，臂外旋使刀尖向下、向右绕形至右侧时，刀背朝上；左掌同时从上向右胸前弧形绕环（图5-4-22）。

图5-4-21　　　　　　　　图5-4-22

③ 右腿蹬直，左脚向右斜前方上步；左掌向左侧下方绕环，右手持刀臂外旋将刀举起，刀刃朝上（图5-4-23）。

④ 右脚向右斜前方上步，左腿挺膝伸直，右腿屈膝半蹲，成右弓箭步。右手持刀同时从上向左斜前方劈下，刀尖稍向上翘，左掌随之从下向左、向上弧形绕环，至头顶上方屈肘成横掌（图5-4-24）。

图5-4-23   图5-4-24

🏃 **要点**

同上述左抡劈。

7. 弓步撩刀

① 右手持刀臂外旋屈肘，使刀刃朝上，刀尖朝前，右脚提起离地（图5-4-25）。

② 右脚随即向前落步。右手持刀向上、向后、向下贴身弧形绕环，左掌此时从上向下按于刀背上面。目视刀尖（图5-4-26）。

③ 左脚从体前上步，右腿挺膝伸直，左腿屈膝半蹲，成左弓箭步。右手持刀随左脚上步的同时向前撩起，刀刃斜朝上，刀尖斜朝下，左掌仍按刀背，掌指朝上。上身前探，目视刀尖（图5-4-27）。

图5-4-25   图5-4-26   图5-4-27

🏃 **要点**

撩刀必须与步法协调一致。

8. 弓步藏刀

① 右手持刀，手心朝下，从体前向后平扫，左臂平举于左侧（图5-4-28）。

② 上身右转，左脚尖里扣，右脚向身后撤步，左腿屈膝，右腿伸直。右手持刀顺扫刀之势臂外旋，使刀背向身后平摆，刀尖朝下（图5-4-29）。

图 5-4-28　　　　　　　　　图 5-4-29

③ 左脚向左斜后方撤步，右腿屈膝，左腿伸直。同时左掌向下、向右腋弧形绕环，右手持刀从背后向左肩外侧绕行（图 5-4-30）。

④ 右腿半蹲，成右弓箭步。右手持刀从左肩外侧向右后下方拉回，刀刃朝下，刀尖朝前，左掌随之从右腋处向前成侧立掌平直推出，高与眉齐，掌指朝上（图 5-4-31）。

图 5-4-30　　　　　　　　　图 5-4-31

✈ 要点

扫刀必须迅速。藏刀时右大腿要坐平，右手持刀使刀身贴近右腿，刀尖藏于膝旁。左腿挺直，两脚脚跟和脚外侧均不可离地掀起。

第二段

1. 提膝缠头

① 右脚不动，左脚向前上步。左掌屈肘收于右肩前方，右手持刀使刀背顺左臂外侧向左后绕行，刀尖朝下（图 5-4-32）。

② 左脚尖外撇，上身左转。右手持刀继续顺左臂外侧绕行至背后，左掌随之向左直臂平摆（图 5-4-33）。

③ 左脚不动，膝部伸直，右脚从身后屈膝在身前提起，脚面绷平，脚尖朝下。右手持刀从背后向前，向左肋处绕环平扫，至左肋下顺扫刀之势臂内旋，手心朝下，使刀平摆于左肋下，刀背贴肋，刀尖朝后，左掌同时从左侧屈肘上举至头顶上方成横掌。目向右平视（图 5-4-34）。

图 5-4-32

图 5-4-33

图 5-4-34

🏃 **要点**

直立之腿，膝部必须挺直，提膝之腿，膝部尽量高提，脚底贴近裆前。上身正直，右臂稍离胸前，不要紧贴胸上。

2.弓步平斩

左脚不动，右脚向右侧落步，上身稍向右转，左腿挺膝伸直，右腿屈膝半蹲，成右弓箭步。右手持刀（手心朝下）从左肋处向身前平扫，拦腰斩击，刀尖朝前，左掌同时从上向后平落，掌指朝后。目视刀尖（图5-4-35）。

🏃 **要点**

斩击时刀身要平，刀尖与腕部、肩部要平行。

3.仆步带刀

① 右手持刀臂外旋使刀刃朝上，刀尖稍向下斜垂（图5-4-36）。

② 左腿屈膝全蹲，右腿挺膝伸直平铺，左脚尖稍向外撇，右脚尖向里紧扣，成仆步。右手持刀向左上方屈肘带回，刀刃仍朝上，刀尖仍稍向下垂，左掌同时屈肘附于刀把内侧，拇指一侧朝下。目向右侧平视（图5-4-37）。

🏃 **要点**

翻刀、后带动作必须连贯。仆步时，脚外侧和脚跟均不可离地掀起，上身稍向左侧倾斜。

图 5-4-35　　　　　　　图 5-4-36　　　　　　　图 5-4-37

4.歇步下砍

① 上身稍抬起。右手持刀，刀尖朝下，从右肩外侧向背后绕行，左掌同时向左侧平伸，

拇指一侧朝下（图5-4-38）。

②右脚不动，左脚从身后向右侧插步。同时左掌从左向下、向右腋处弧形绕环，右手持刀从背后向左肩外侧绕行，手心朝下，刀身平放，刀尖朝后。目向右视（图5-4-39）。

③两腿屈膝全蹲成歇步，右大腿压盖在左大腿上面，右脚全脚掌着地，左脚仅以前脚掌着地，臀部坐落在左小腿上。右手持刀在歇步下坐的同时从左向前、向右下方斜砍，刀刃斜朝下，刀尖朝前；左掌随之向左摆出，在左侧上方成横掌。目视刀身（图5-4-40）。

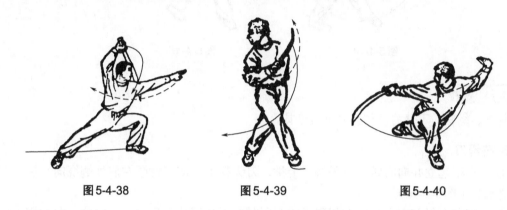

图5-4-38　　　　　　　图5-4-39　　　　　　　图5-4-40

■ 要点

上述分解动作，必须连贯起来做。下砍时，刀的着力点是刀身的后段。

5. 左劈刀

①身体起立，左掌屈肘收至右额前，并附于右手腕；右手持刀，刀尖朝下，使刀背顺左臂外侧向左后方绕行（图5-4-41）。

②两脚前掌蹍地使上身向左后转。左掌随之向左侧平摆，拇指一侧朝下，右手持刀顺左臂绕行至背后。右腿略屈膝（图5-4-42）。

③上身继续左转成左弓步（图5-4-43）。

图5-4-41　　　　　　　图5-4-42　　　　　　　图5-4-43

④左脚不动，右脚向左斜前方上步，右腿稍屈膝。右手持刀同时从身后向上、向前、向左侧下方斜劈，刀尖斜向下；左掌随之屈肘附于右肘处，掌指朝上（图5-4-44）。

⑤顺劈刀之势右臂内旋，屈腕使刀尖摆向身后，刀刃朝下，左掌附于右腕处。目向前平视（图5-4-45）。

图5-4-44   图5-4-45

要点

转身、绕背、下劈的动作必须迅速连贯。

6.右劈刀

① 上身稍起立并向右转。右手持刀上举，刀尖朝下，使刀背顺左肩外侧绕向身后，左掌随之上举（图5-4-46）。

② 左脚向右斜前方上步，右腿稍屈膝。同时右手持刀从身后向上、向前、向右侧下方（即右腿外侧）斜劈，刀尖斜向下，左掌随之附于右腕处（图5-4-47）。

③ 顺劈刀之势右臂外旋并屈腕使刀尖向后摆起，刀刃朝下，左掌随之分开。目视刀尖（图5-4-48）。

图5-4-46   图5-4-47   图5-4-48

要点

劈刀必须快速有力。

7.歇步按刀

① 右手持刀臂外旋屈肘，刀尖朝下，使刀背从右肩外侧向后绕行。目视右手（图5-4-49）。

② 左脚前脚掌蹍地使脚跟外展，右脚从身后向左侧插步。右手持刀从背后向左肩外侧绕行，同时左掌从左侧上举附于右手腕的拇指近侧（图5-4-50）。

③ 两腿屈膝全蹲成歇步，左大腿压盖在右大腿上面，左脚全脚掌着地，右脚仅以前脚掌着地，臀部坐落在右小腿上。右手持刀向左侧下按，左手附于右腕，刀刃朝下，刀尖朝向身后。目视刀身（图5-4-51）。

图5-4-49　　　　　　图5-4-50　　　　　　图5-4-51

要点

插步、歇步、绕刀、按刀的动作必须快速连贯。

8.马步平劈

① 两腿稍微蹬起，上身向右后转。右手持刀与左掌随身体转动至上身左侧时，两手从左向上举起，刀尖向下。目视刀尖（图5-4-52）。

② 两腿屈膝半蹲成马步。右手持刀从左向上、向右劈下，刀尖稍向上翘与眉相齐，左掌在头顶上方屈肘成横掌。目视刀尖（图5-4-53）。

图5-4-52　　　　　　　　　图5-4-53

要点

转身、劈刀要快。成马步时，两脚尖要向里扣，大腿要坐平。

第三段

1.弓步撩刀

① 左掌从上向右肩弧形绕环至右肩前，目视左掌（图5-4-54）。

② 上身左转，右脚向左侧上一大步，左腿挺膝伸直，右腿屈膝半蹲，成右弓箭步。左掌在右脚上步的同时继续向下、向左、向上圆形绕环，至身后成斜上举，掌心朝上，右手持刀随右脚上步的同时向下，向左侧撩起，刀刃斜朝上，刀尖斜朝下。目视刀尖（图5-4-55）。

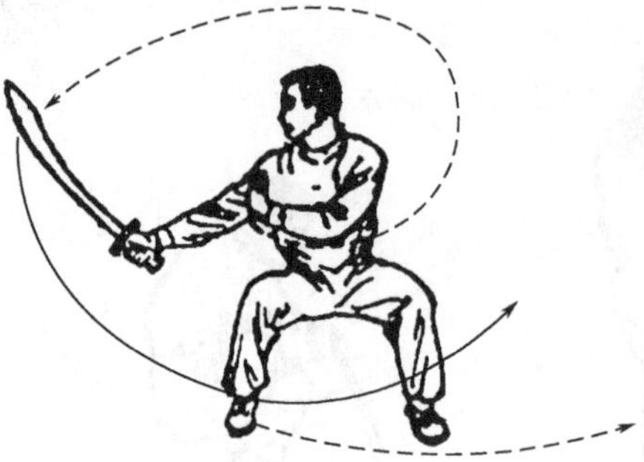

图5-4-54

图5-4-55

要点

上步与撩刀必须同时进行。

2.插步反撩

① 上身左转，右腿蹬直，左腿屈膝。同时右手持刀从右向上、向后弧形绕环，左掌屈肘收于右胸前，目随刀转（图5-4-56）。

② 上身右转，左脚从身后向右侧插步。右手持刀继续向下、向右反臂弧形绕环撩刀，刀刃斜朝上；同时左掌向左侧成横掌推出，拇指一侧朝下，掌指朝前，肘略屈。目视刀尖（图5-4-57）。

图5-4-56

图5-4-57

要点

上述的分解动作必须连贯，插步反撩时上身略向前俯。

3.转身挂劈

① 以两脚前脚掌为轴蹍地使上身向左后翻转。右手持刀手腕反屈（向手背方向弯屈）使刀尖翘起，随上身翻转的同时从下向左、向上挑挂，刀刃朝前，刀尖朝右上；左掌随上身转动（图5-4-58）。

② 上身继续向左后转，两腿交叉，左腿在前，右腿在后。右手持刀随上身后转的同时从上向下、向左弧形绕环挂刀；左掌屈肘附于右腕处。目视刀尖（图5-4-59）。

③ 左脚不动，右脚向右跨步。右手持刀臂内旋，使刀刃朝上向上举起；左掌从右腕处向下、向左弧形绕环平伸（图5-4-60）。

④ 右腿伸直，左腿蹬地提起屈膝在腹前，上身略向右倾倒。右手持刀与左腿提膝的同

时从上向右用力下劈，刀刃朝下，刀尖稍向上翘；左掌随屈肘上举，在头顶成横掌。目视刀尖（图5-4-61）。

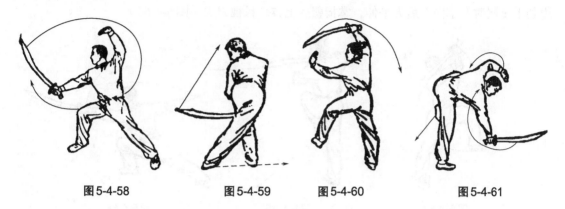

图5-4-58　　　　图5-4-59　　　图5-4-60　　　　图5-4-61

要点

挂刀时，必须反屈腕，防止刀尖扎地。挂刀和劈刀的动作要连贯起来。提膝独立要站稳。

4.仆步下砍

① 左脚在左侧落步，右腿伸直，左腿屈膝。右手持刀臂外旋屈肘，使刀刃朝后、刀尖下垂，从右肩外侧向后沿肩背绕行；同时左掌从上向左、向下、向右胸前弧形绕环，至右胸前成侧立掌，掌指朝上（图5-4-62）。

② 左腿屈膝全蹲，右腿伸直平铺成仆步。右手持刀从背后向左、向前、向右下方绕行平砍，刀刃朝右，刀尖朝前；左掌同时屈肘举于头顶上方成横掌。目视刀身（图5-4-63）。

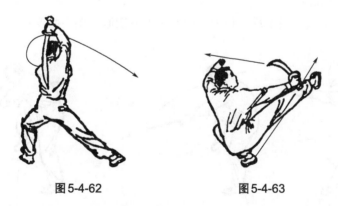

图5-4-62　　　　　图5-4-63

要点

平砍时，刀的着力点是刀身后段。

5.架刀前刺

① 左腿蹬地起立并向右侧上步，身体向右后转，右膝略屈。右手持刀臂内旋，使刀刃朝上向上横架；同时左掌附于右手腕的拇指近处。目向前平视（图5-4-64）。

② 以左脚前脚掌为轴蹍地，右腿屈膝提起，上身向右后转。转身时，右手持刀上举，刀身经过头顶上，刀尖方向不变；转身后，两臂屈肘使刀平落，刀刃仍朝上，刀尖所指的方

向仍不变（经过转体后，此时刀尖实际上向右）（图5-4-65）。

③ 右脚向前落步，左腿挺膝伸直，右腿屈膝半蹲成右弓箭步。右手持刀向前直刺，刀刃朝下；同时左掌向左后方平伸，掌指朝后上方。目视刀尖（图5-4-66）。

图5-4-64　　　　　　　　图5-4-65　　　　　　　　图5-4-66

要点

进步架刀、提膝转身、弓步前刺的动作必须迅速连贯进行。转身时注意刀尖的方向一直指向同一目标。

6. 左斜劈

① 以两脚前脚掌碾地使上身向右转。右手持刀臂内旋，刀尖朝下，使刀背沿左肩外侧向后方绕行；左手从右向左前方弧形平摆。目视左手（图5-4-67）。

② 左腿屈膝提起，右手持刀从后向右、向前、向左下方绕环下劈；左掌附于右前臂，上身略向前倾（图5-4-68）。

③ 顺劈刀之势，右臂内旋屈腕，使刀尖向左后上方摆起（图5-4-69）。

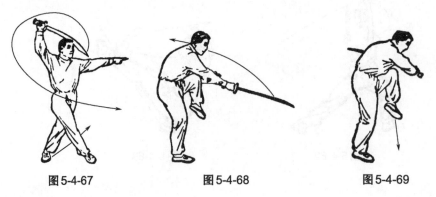

图5-4-67　　　　　　　　图5-4-68　　　　　　　　图5-4-69

要点

提膝独立要稳，斜劈要快速有力。

7. 右斜劈

① 左脚向前落步（图5-4-70）。

② 上身向右后转，右腿随之提膝离地。右手持刀从左向前、向右下方斜劈，左掌随之向左侧斜上举。目视刀尖（图5-4-71）。

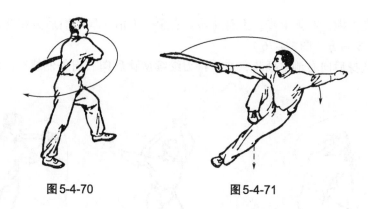

图5-4-70　　　　　　　图5-4-71

🏃 **要点**

同左斜劈。

8.虚步藏刀

① 右脚向后落步伸直，左腿屈膝。右手持刀在落步的同时臂外旋、屈腕，使刀尖朝下沿右肩外侧向左后绕行（图5-4-72）。

② 身体重心后移，右腿屈膝略蹲，左脚后退半步。右手持刀从背后向左肩外侧绕行，同时左掌向下、向右腋处弧形绕环（图5-4-73）。

③ 右手持刀从左肩外侧向下、向后拉回，肘略屈，刀刃朝下，刀尖朝前；左掌向前成侧立掌平直推出，掌指朝上。此时，右腿半蹲，左腿屈膝，成右实左虚之虚步。目视左掌（图5-4-74）。

图5-4-72　　　　　　　图5-4-73　　　　　　　图5-4-74

🏃 **要点**

绕刀时，必须使刀背贴靠脊背绕行。藏刀时，右手腕部必须上翘，使刀尖尽量向上，不要使刀尖下垂。

第四段

1.旋转扫刀

① 左脚踩实。右手持刀臂内旋，使刀尖朝下，沿左臂外侧向左肩部绕行，左掌屈肘附于右手腕的拇指近侧（图5-4-75）。

② 左脚尖外撇，右脚上步，上身左转。右手持刀沿左肩向右后方绕行，同时左掌从右向左平摆，目视右方（图5-4-76）。

③ 左脚从身后向右侧方插步，右手持刀继续从背后向右肩外侧绕行。目视右手（图5-4-77）。

| 图5-4-75 | 图5-4-76 | 图5-4-77 |

④ 两腿屈膝全蹲成歇步，右手持刀手心朝上，从右肩外侧向前下方迅速平扫。目视刀身（图5-4-78）。

⑤ 上身向左后转，右手持刀随身转动，低扫一周。转身后，两腿直立。右手持刀顺扫刀之势臂内旋，使手心朝下，将刀贴靠于左臂外侧；左掌附于右手腕的拇指近侧（图5-4-79）。

| 图5-4-78 | 图5-4-79 |

要点

旋转扫刀必须快速，刀身要平、要低。

2. 翻身劈刀

① 上身右转，同时右手持刀向右侧下劈，左掌附于右前臂。目视刀尖（图5-4-80）。

② 右脚向左侧摆起，左脚蹬地跳起，同时上身向左后翻转，接着右脚向前落地。在跃步和转身的同时，左掌从右前臂处向下、向左后、向上弧形绕环，至头顶屈肘成横掌；右手持刀随翻转身之势向下、向左后绕环撩起，刀刃朝上。目视右手（图5-4-81）。

③ 上身继续向后转。左脚向身体的右后方落步，左腿屈膝全蹲，右腿伸直平铺成仆步，上身向右前方探伸。右手持刀在转身落步的同时从上向前劈下；左掌随之向下、向后、向上摆起，屈肘成横掌。目视刀尖（图5-4-82）。

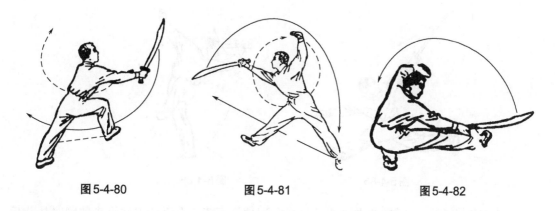

图5-4-80　　　　　　　　图5-4-81　　　　　　　　图5-4-82

🏃 **要点**

翻身跃步要远不要高，劈刀要抡圆。

3.缠头箭踢

① 左脚蹬直使上身立起。左掌屈肘收于右肩前方，右手持刀臂内旋，刀尖朝下，使刀背沿左臂外侧向后绕行。同时左脚向前摆起，右脚蹬地纵起。左掌此时从右肩向左侧平摆（图5-4-83）。

② 在空中，右手持刀作缠头动作，从背后向右、向前、向左肋处绕环平扫，左掌随之屈肘上举至头顶上方成横掌。同时右脚用脚跟向前蹬踢，左脚此时即用前脚掌落地（图5-4-84）。

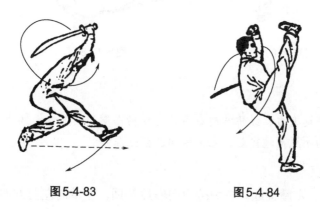

图5-4-83　　　　　　　　图5-4-84

🏃 **要点**

缠头和箭踢的动作必须先后相应地协调进行。缠头要快速，箭踢要有力，膝部要伸直。

4.仆步按刀

① 上身右转，右手持刀从左肋处向前、向右、向后下方斜劈，左手左斜举，手心向上。目视刀身（图5-4-85）。

② 右腿屈膝收回。右手持刀臂外旋，刀尖朝下，使刀从右肩外侧向背后绕行。目视右方（图5-4-86）。

图5-4-85   图5-4-86

③ 上身向右后转。同时左脚蹬地纵起，右脚趁势下落。右手持刀在纵步的同时从背后向左肩外侧绕行，左掌随之屈肘附于右手腕的拇指近处（图5-4-87）。

④ 右腿屈膝全蹲，左脚在左侧方落步，左腿伸直平铺成仆步。右手持刀与左掌同时向下按切，左手附于右手腕，刀尖朝左，刀刃朝下。目向左平视（图5-4-88）。

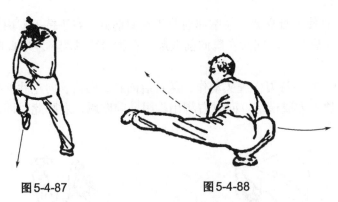

图5-4-87   图5-4-88

要点

向右后方劈刀要快速有力，纵跳和向右后转身要借助劈刀的惯性。做仆步时，左脚尖里扣，两脚外侧和脚跟均不可离地掀起，上身略向左前方探倾。

5.缠头蹬腿

① 右腿蹬直立起，左膝提起。右手持刀向右后拉回，左掌向左前方伸出，掌指朝上。目视左手（图5-4-89）。

② 上身左转，右手持刀从后向前由左膝下方朝左裹膝抄起，左掌屈肘附于右前臂。目视前下方（图5-4-90）。

③ 右手持刀从左肩外侧向后沿肩背绕行，左脚即向左斜前方落步，左掌向左平摆，掌心朝下（图5-4-91）。

④ 左腿屈膝半蹲，右腿挺膝伸直，成左弓箭步。右手持刀从背后经右肩外侧向前，向左肋绕环平扫，至左肋时顺扫刀之势臂内旋，将刀背贴靠左肋；左掌随之屈肘上举至头顶上方成横掌（图5-4-92）。

⑤ 右脚脚尖上跷，用脚跟向前上方蹬腿。目视脚尖（图5-4-93）。

图5-4-89　　　　　　　　图5-4-90　　　　　　　　图5-4-91

图5-4-92　　　　　　　　图5-4-93

⚔ 要点

缠头时必须使刀背绕裹左膝后顺脊背绕行，动作要迅速，蹬腿要快，并与缠头动作连贯一致。

6.虚步藏刀

① 右脚向前落步（图5-4-94）。

② 左脚向前跃步，右脚趁势提起，上身在跃步的同时向右后转。右手持刀手心朝下，随着转身平扫一周，左掌从上向左后方平摆，掌心朝上（图5-4-95）。

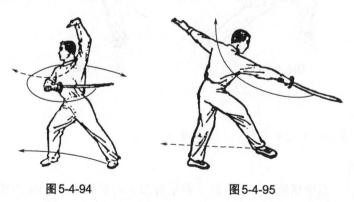

图5-4-94　　　　　　　　图5-4-95

③ 右脚向后落步，右手持刀臂外旋，使刀从右肩外侧向后绕行（图5-4-96）。

④ 左掌从左侧向下、向右腋处弧形绕环后附于右腕处，右手持刀从背后向左肩外侧绕行（图5-4-97）。

⑤ 右腿屈膝半蹲，左腿略屈膝，右脚踏实，左脚尖点地成虚步。右弓持刀向下，向后拉回，刀尖朝前；左掌向前平伸推出，掌指朝上。目视左掌（图5-4-98）。

图5-4-96　　　　　　　图5-4-97　　　　　　　图5-4-98

要点

跃步、转身、落步的动作必须与刀的平扫、绕背动作协调一致。

7. 弓步缠头

① 左脚向左前方上半步，挺膝伸直。同时右手持刀臂内旋，刀尖朝下，使刀从左肩外侧向后绕行，做缠头动作（图5-4-99）。

② 右腿挺膝伸直，左腿屈膝半蹲，成左弓箭步。右手持刀从背后向右、向前、向左肋处绕环平扫，至左肋时顺扫刀之势臂内旋，使刀背贴靠于左肋，刀尖朝后，同时左掌屈肘上举至头顶上方成横掌。目向前平视（图5-4-100）。

图5-4-99　　　　　　　图5-4-100

要点

缠头时必须使刀背贴靠脊背绕行，扫刀要迅速。

8. 并步抱刀

① 左腿伸直，右腿屈膝，上身右转。右手持刀向右平扫，左掌随之向左平摆，掌心朝上。目视刀尖（图5-4-101）。

② 顺扫刀之势右臂外旋，使刀背向身后平摆，目视右手（图5-4-102）。

③ 右腿伸直，左脚向右脚靠拢，并步直立。右手持刀，刀尖朝下，刀刃朝后，刀把向额前上方举起；同时左掌也向额前上方举起，拇指张开，用掌心握住刀把，准备将右手之刀接回。目视右侧（图5-4-103）。

图5-4-101　　　　　　　　图5-4-102　　　　　　　　图5-4-103

要点

并步与接刀的动作要协调一致。

结束动作

① 左手将刀接回，与右掌同时从上由前分向两侧落下，左手抱刀，刀背贴靠臂肘，刀刃朝前，刀尖朝上。左脚向后退一步（图5-4-104）。

② 右脚向后撤一步。同时右掌从下向后、向上绕向右耳侧成横掌，掌心朝前，拇指一侧朝下；左手握刀不动。目视右手（图5-4-105）。

③ 左脚后退向右脚靠拢，并步直立。右掌随即从右耳侧向下按落。掌心朝下，肘略屈并向外撑开；左手握刀不动。目向左平视（图5-4-106）。

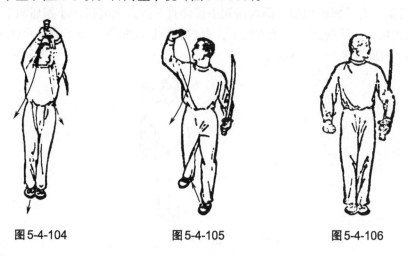

图5-4-104　　　　　　　　图5-4-105　　　　　　　　图5-4-106

要点

退步、撤步和绕掌的动作要连贯迅速。

第五节 初级剑术

一、动作名称

预备势

第一段

1. 弓步直刺
2. 回身后劈
3. 弓步平抹
4. 弓步左撩
5. 提膝平斩
6. 回身下刺
7. 挂剑直刺
8. 虚步架剑

第二段

1. 虚步平劈

2. 弓步下劈
3. 带剑前点
4. 提膝下截
5. 提膝直刺
6. 回身平崩
7. 歇步下劈
8. 提膝下点

第三段

1. 并步直刺
2. 弓步上挑
3. 歇步下劈
4. 右截腕
5. 左截腕

6. 跃步上挑
7. 仆步下压
8. 提膝直刺

第四段

1. 弓步平劈
2. 回身后撩
3. 歇步上崩
4. 弓步斜削
5. 进步左撩
6. 进步右撩
7. 坐盘反撩
8. 转身云剑

结束动作

二、动作说明

预备势

　　身体正直，并步站立。左手持剑，即以拇指为一侧，中指、无名指和小指为另一侧，分握护手盘与剑柄的分界处，掌心贴在护手盘下部，手背朝前，食指贴于剑柄，剑身贴于前臂（即小臂）后侧。右手握成剑指，即食指和中指伸直并拢，无名指和小指屈向手心，拇指压在无名指的指甲上，手腕反屈，手背朝上，食指、中指内扣指向左下侧。两臂在体侧下垂，两肘微上提。目向左平视（图5-5-1）。

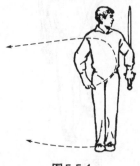

图5-5-1

✈ 要点

　　持剑时，前臂与剑身要紧贴并垂直于地面。两肩松沉，上身微挺胸、收腹，两膝挺直。

（一）

① 上身半面向右转，右脚向右上一步，屈膝；左脚前脚掌蹍地，脚跟外展，膝盖挺直，成右弓步。在右脚上步的同时，剑指从身体右侧经胸前屈肘上举，至左肩后向右前方平伸指出，拇指一侧在上。目视剑指（图5-5-2）。

② 上身右转。左手持剑由左侧直臂上举，经头部前上方向右侧划弧，至身前时，拇指一侧朝下作反臂平举；同时，右手屈肘收于右腰侧，手心朝上（图5-5-3）。

③ 左脚向右脚并步。左手持剑随之下落，垂于身体左侧；同时，右手剑指向右侧平伸指出，拇指一侧在上。目视剑指（图5-5-4）。

图5-5-2　　　　　　　　图5-5-3　　　　　　　　图5-5-4

要点

① 上述的上步剑指平伸、转体持剑向右侧划弧和并步剑指平伸三个分解动作，必须连贯起来做。

② 动作过程中，两肩必须放松。

③ 持剑转体向右侧划弧时，左臂直臂上举，腰向右拧转，两脚不可移动。

④ 左臂向右侧划弧至与肩同高时，肘略屈，使右手剑指从左手背上穿出成立指，左手持剑继而下落于身体左侧，剑身垂直于地面。

（二）

① 左脚向左上一步，屈膝；右脚前脚掌蹍地使脚跟外展，膝部挺直，成左弓步。上身随之向左转。在左脚上步的同时，左手持剑屈肘经胸前向上，向前弧形绕环，平举于身体左侧，拇指一侧在下（图5-5-5）。

② 左腿伸直站立，右脚向前并步。左手持剑随之从身前下落，垂于身体左侧；同时，右手屈肘沿右耳侧向前平伸指出，拇指一侧在上。目视剑指（图5-5-6）。

图5-5-5　　　　　　　　图5-5-6

要点

右手剑指向前指出时，肘要伸直，剑指尖稍高过肩。

（三）

①左手持剑由右手剑指上面向前平伸穿出，拇指一侧在下；右手剑指顺左臂下面屈肘收于左肩前，并且屈腕使手指朝上。上身右转；右脚向右侧跨步，屈膝；左脚脚尖随之里扣，膝盖挺直，成右弓步。目向左平视（图5-5-7）。

②上身右转，右手剑指经身前向右侧平伸指出，拇指一侧在上。目视剑指（图5-5-8）。

要点

成右弓步时，左腿要挺直，两脚的全脚掌均着地。上身略向前倾，挺胸、塌腰。左手持剑伸平，左肩放松。

（四）

右脚的前脚掌里扣，上身左转，重心落于右腿；左脚随之移回半步，屈膝，并以前脚掌虚着地面，成左虚步。在左脚移步的同时，左手持剑向胸前屈肘，手心朝外；右手也向胸前屈肘，手心朝里，准备接握左手之剑。目视剑尖（图5-5-9）。

要点

做左虚步时，右实左虚要分明，右脚跟不要掀起。上身要挺胸、塌腰，并稍前倾。两肘要平，剑尖稍高于左肘。

图5-5-7　　　　　　图5-5-8　　　　　　图5-5-9

第一段

1.弓步直刺

右手接握左手之剑，左手握成剑指，左脚向前上半步，屈膝；右脚前脚掌蹬地，脚跟外展，膝部挺直，成左弓步。同时，上身左转，右手持剑向身前平伸直刺，拇指一侧在上；左手剑指随之伸向身后平举，拇指一侧在上。目视剑尖（图5-5-10）。

要点

做弓步时，前腿屈膝蹲平，两脚的全脚掌全部着地。上身稍向前倾，腰要向左拧转、下塌，臀部不要凸起。两肩松沉，右肩前顺，左肩后引。剑尖稍高于肩。

2.回身后劈

左脚不动,膝部伸直;右脚向前上一步,膝略屈,上身右转。同时,右手持剑经上向后劈,剑高与肩平,拇指一侧在上;左手剑指随之由下向前上弧形绕环,在头顶上方屈肘侧举,拇指一侧在下。目视剑尖(图5-5-11)。

🏃 **要点**

上步、转身、平劈和剑指向上侧举必须协调一致。转身后,腰要向右拧转,左脚不要移动。剑身和持剑臂必须成直线。

3.弓步平抹

左脚向左前方上一步,屈膝;右腿在后,膝部挺直,脚尖里扣,成左弓步。同时,左手剑指由胸前下降,经左下向上弧形绕环,在头顶上方屈肘侧举,拇指一侧在下;右手持剑(手心转向上)随之向前平抹,剑尖稍向右斜。目视前方(图5-5-12)。

🏃 **要点**

抹剑时,手腕用力须柔和。

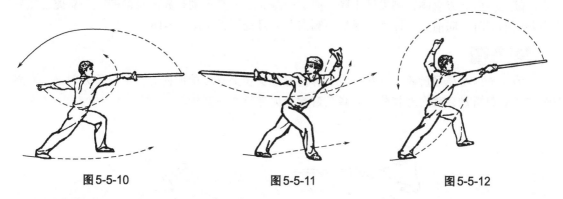

图5-5-10　　　　　　　　图5-5-11　　　　　　　　图5-5-12

4.弓步左撩

① 上身左转,右腿屈膝在身前提起,脚尖下垂,脚背绷直。同时,右手持剑臂外旋使剑由前向上、向后划弧,至后方时,屈肘使手腕、前臂贴靠腹部,手心朝里;左手剑指随之由头顶上方下落,附于右手腕部(手心朝下)。目视剑身(图5-5-13)。

② 右腿继续向右前方落步,屈膝;左腿在后蹬直,脚尖里扣,成右弓步。同时,右手持剑由后向下、向前反手撩起,小指一侧在上;左手剑指随右手运动,仍附于右手腕处。目视剑尖(图5-5-14)。

图5-5-13　　　　　　　　图5-5-14

要点

剑由前向后和由后向前弧形撩起时，必须与提膝和向前落步的动作协调一致，握剑不可太紧。形成弓步后，上身略向前倾，直背、收臀，剑尖稍低于剑指。

5.提膝平斩

左脚向前上一步，右手手腕向左上翻转，屈肘，使剑向左平绕至头部前上方，右脚随之由后向身前屈膝提起。右手继续翻转手腕，使剑向右平绕至右方后（手心朝上），再用力向前平斩；左手剑指由下向左、向上弧形绕环，屈肘横举于头部左上方。目视前方（图5-5-15）。

要点

剑从左向后平绕时，上身必须后仰，使剑从脸部上方平绕而过，不可从头顶绕行。提膝时，左腿必须挺膝伸直站稳，右腿屈膝尽量上提，右脚贴护裆前，上身稍向前倾，挺胸、收腹。

6.回身下刺

右脚向前落步，脚尖外撇，膝略屈，上身右转。同时，右手持剑手腕反屈，使剑尖下垂，随之向后下方直刺，剑尖低于膝，拇指一侧在上；左手剑指先向身前的右手靠拢，然后在刺剑的同时，向前上方伸直，拇指一侧在上。目视剑尖（图5-5-16）。

要点

右手持剑要先屈肘收于身前，在右脚向前落步和上身右转的同时，使剑用力刺出。左腿伸直，右腿稍屈，腰向右拧转，剑指、两臂和剑身须成一直线。

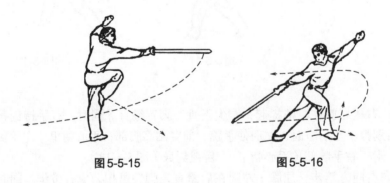

图5-5-15　　　　　　　　　图5-5-16

7.挂剑直刺

①左脚向前上一步，屈膝略蹲，右臂内旋先使拇指一侧朝下成反手，然后翘腕、摆臂，使剑尖向左、向上抄挂，当持剑手抄至左肩时，再屈肘使剑平落于胸前，手心朝里；此时左腿伸直站立，右腿随之在身前屈膝提起，左手剑指屈肘附于右手腕处（图5-5-17）。

②接着，以左脚前脚掌碾地，上身右转，右手持剑使剑向下插，左手剑指仍附于右手腕处。目视剑尖（图5-5-18）。

③上动不停，仍以左脚前脚掌为轴碾地，右脚向身后跨一大步，屈膝，上身从右向后转；左腿在后蹬直，脚尖里扣，成右弓步。同时，右手持剑向前直刺，剑尖与肩同高，拇指一侧在上；左手剑指随之向后平伸，拇指一侧在上，目视剑尖（图5-5-19）。

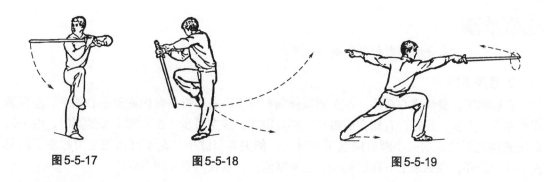

图5-5-17　　　　　图5-5-18　　　　　图5-5-19

要点

挂剑、下插、直刺三个分解动作必须连贯，它们与跨步、提膝、转身、弓步的动作要协调一致。弓步直刺后，两脚全脚掌均着地，全身稍向前倾，挺胸、塌腰。

8.虚步架剑

① 右手持剑先将剑尖由左向右搅一小圈，臂内旋使持剑手的拇指一侧朝下。同时，以右脚跟和左脚前脚掌为轴蹍地，右脚尖外撇，上身从右向后转，左脚向前收拢半步，两膝均略屈成交叉步。在转身的同时，右手持剑反手向后上方屈肘上架；左手剑指屈肘经左肩前附于右手腕处。目向左平视（图5-5-20）。

② 右腿屈膝不动，左脚向前进一步，膝盖稍屈，前脚掌虚着地面，重心落于右腿，成左虚步。在右手持剑略向后牵引的同时，左手剑指向前平伸指出，手心朝下。目视剑指（图5-5-21）。

图5-5-20　　　　　图5-5-21

要点

虚步必须虚实分明，右肘略屈使剑身成立剑架于额前上方，左臂伸直，剑指稍高过肩。

第二段

1.虚步平劈

左脚脚跟外展，上身右转，重心移于左腿，右脚跟随之离地，成为前脚掌虚着地面的右虚步。在转身的同时，右手持剑向下平劈，拇指一侧在上，左手剑指即向上屈肘，手心向左上方。目视剑尖（图5-5-22）。

要点

虚步必须虚实分明，劈剑时手腕要挺直。

2.弓步下劈

右脚踏实，身体重心前移，左手剑指伸向右腋下，右手持剑臂内旋使手心朝下。左脚随即向左前方上步，屈膝，右腿在后蹬直，脚尖里扣，成左弓步。在左脚上步的同时，右手持剑屈腕向左平绕，划一小圈后向前下方劈剑，剑尖高与膝平；左手剑指随之由右腋下面向左，向上绕环，在头顶上方屈肘侧举，上身略前俯。目视剑尖（图5-5-23）。

要点

劈剑时，右肩前倾，左肩后引，剑尖与手、肩成一直线。

图5-5-22　　　　　　　　图5-5-23

3.带剑前点

① 右脚向左脚靠拢，以前脚掌虚着地面，两腿均屈膝略蹲。右手持剑向上屈腕，使剑向右耳际带回，肘微屈；左手剑指随之由前下落，附于右手腕处。目向右前方平视（图5-5-24）。

② 上动不停，右脚向右前方跃一步，落地后即屈膝半蹲，全脚着地；左脚随之跟进，向右脚并步屈膝，以脚尖点地，成丁步。同时，右手持剑向前点击，拇指一侧在上；左手剑指即屈肘向头顶上方侧举，手心朝上。目视剑尖（图5-5-25）。

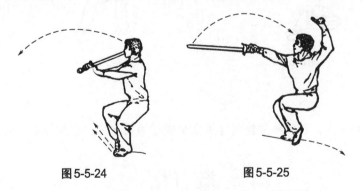

图5-5-24　　　　　　　　图5-5-25

要点

向前点击时，右臂前伸，屈腕，力点在剑尖，手腕稍高于肩，剑尖略比手低。成丁步后，右腿大腿尽量蹲平，左脚脚背绷直，脚尖点在右脚脚弓处，两腿必须并拢。上身稍前倾，挺胸、直背、塌腰。

4.提膝下截

① 右腿伸直，左腿退步后屈膝，上身后仰。右臂外旋手心朝上，使剑向右、向后上方弧形绕环，左手剑指不动（图5-5-26）。

② 上动不停，右臂内旋使手心朝下，继续使剑向左、向前下方划弧下截，同时上身向前探倾，左腿屈膝提起。目视剑尖（图5-5-27）。

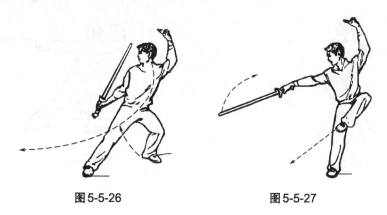

图 5-5-26　　　　　　　　　图 5-5-27

要点

剑从右向左的圆形划弧下截是一个完整动作，必须连贯起来做。左膝尽量高提，脚背绷直；右腿膝部挺直，站立要稳。右臂和剑身成一直线，剑身斜平。

5.提膝直刺

① 右腿略屈膝，左脚向前落步，脚尖外撇。右臂外旋使手心朝上，并在左脚落步的同时向上屈肘，将剑柄收抱于胸前，手心朝里。剑尖高与肩平；左手剑指随之下落，屈肘按于剑柄上。此时两腿成为交叉步，目视剑尖（图5-5-28）。

② 右腿向身前屈膝提起，左腿伸直站立。右手持剑向前平直刺出，拇指一侧在上；同时左手剑指向后平伸指出，手心朝下，目视剑尖（图5-5-29）。

图 5-5-28　　　　　　　　　图 5-5-29

要点

抱剑与落步、直刺与提膝，必须协调一致。

6.回身平崩

① 右脚向前落步，脚尖外撇；左脚前脚掌蹍地使脚跟外转，屈膝略蹲，同时上身向右

后转，成交叉步。右手持剑臂外旋使手心朝上，屈肘向胸前收回，剑身与右前臂成水平直线；左手剑指随之直臂上举，经左耳侧屈肘前落，附于右手心上面。目视剑尖（图5-5-30）。

②上身稍向右转，左腿挺膝伸直，右腿略屈膝。同时，右手持剑使剑的前端用力向右平崩，手心仍朝上；左手剑指屈肘向额部左上方侧举。目视剑尖（图5-5-31）。

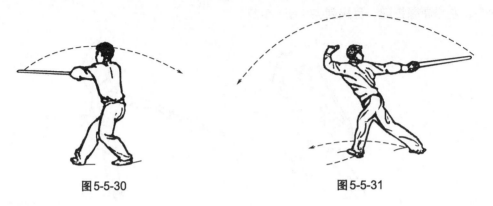

图5-5-30　　　　　　　　　　图5-5-31

要点

收剑和平崩两个动作必须连贯起来做。平崩时，用力点在剑的前端；平崩后，上身向右拧转，但左脚不得移动。

7.歇步下劈

右脚蹬地起跳，左脚向左跃步横跨一步，落地后，右腿即向左腿后侧插步，继而两腿屈膝全蹲，成歇步。在跃步的同时，右手持剑向上举起，并在形成歇步时向左下劈，拇指一侧在上，剑尖与踝关节同高；左手剑指随着下劈动作，下按于右手腕上面。目视剑身（图5-5-32）。

图5-5-32

要点

成歇步时，左大腿盖压在右大腿上面，左脚全脚掌着地，右脚脚跟离地，臀部坐在右小腿上。劈剑时，右臂尽量向前下方伸直，剑身与地面平行。劈剑与跃步成歇步动作须同时完成。

8.提膝下点

①右手持剑先使手心朝下成平剑，然后以两脚的前脚掌蹍地，上身经右向后转动，两腿边转边站立起来，右手持剑平绕一周。当剑绕至上身右侧时，上身稍向左后仰，同时剑身继续向外、向上弧形绕环，剑尖接近右耳侧；此时左手剑指离开右手腕向上屈肘侧举。目视

前下方（图5-5-33）。

②上动不停，右腿伸直站立，左腿屈膝提起，上身向右侧下探俯，同时右手持剑向前下点击，拇指一侧在上。目视剑尖（图5-5-34）。

图5-5-33　　　　　　　　　　图5-5-34

要点

仰身外绕剑与提膝下点两个动作必须连贯，同时完成。右腿独立时，膝部要挺直，左膝尽量上提。

第三段

1.并步直刺

①以右脚前脚掌为轴蹍地，使上身向左后转。在转身的同时，右臂内旋并向拇指一侧屈腕，使剑尖指向转身后的身前；左手剑指随之由上经右肩前，腹前绕环，向正前方指出，手心朝下。目视剑指（图5-5-35）。

②左脚向前落步，右脚随之跟进并步，两腿均屈膝半蹲。同时，右手持剑向前平伸直刺，拇指一侧在上；左手剑指顺势附于右手腕处。目视剑尖（图5-5-36）。

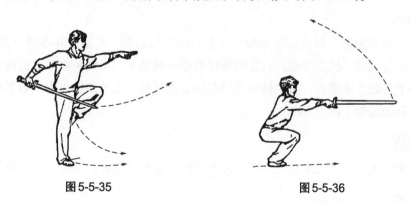

图5-5-35　　　　　　　　　　图5-5-36

要点

两腿半蹲时大腿要蹲平，两膝、两脚均须紧靠并拢。上身前倾，直背、落臀。两臂伸直，剑尖与肩相平。

2.弓步上挑

右脚上步，屈膝，同时左脚脚跟稍内转，左腿挺膝伸直，成右弓步。右手持剑直臂向上挑举，剑尖向上，手心朝左；左手剑指仍向前平伸指出，手心朝下。上身稍微前倾，目视剑指（图5-5-37）。

![要点] 要点

左臂伸直，左肩前倾，剑指略高过肩；右臂直上举，剑刃朝前后。上身挺胸、直背、塌腰。

3.歇步下劈

右腿伸直，左脚向前上步，脚尖外撇，随之两腿交叉屈膝全蹲，成歇步。同时，右手持剑向前下劈，拇指一侧在上，剑尖与踝关节同高；左手剑指屈肘附于右手腕里侧。上身稍前俯，目视剑身（图5-5-38）。

![要点] 要点

与第二段第7动作相同。

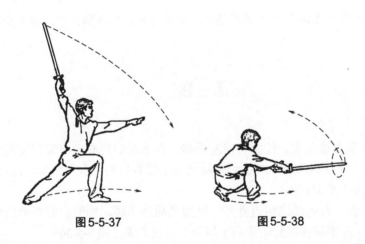

图5-5-37   图5-5-38

4.右截腕

两脚以前脚掌蹍地，并且两腿稍伸直立起，使上身右转，右腿屈膝半蹲，左腿稍屈膝，左脚前脚掌虚着地面，成左虚步。右臂内旋使拇指一侧朝下，用剑的前端下刃向前上方划弧翻转，随着上身起立成虚步，右手持剑再向右后上方托起，左手剑指仍附于右手腕，两肘均微屈。目视剑的前端（图5-5-39）。

![要点] 要点

两腿虚实必须分明，上身稍向前倾，剑身平衡于右额前上方，剑尖稍高于剑柄。

5.左截腕

左脚向前上半步，并以前脚掌蹍地使上身向左后转，右脚随之向前上一步，前脚掌着地，两腿均屈膝，成左实右虚之右虚步。在右脚进步的同时，右臂外旋，使剑身的前端向左前上方划弧翻转，手心朝上，剑身与地面平行；左手剑指随之离开右手腕，屈肘向上侧举。目视剑的前端（图5-5-40）。

要点

要点

同上述右截腕。

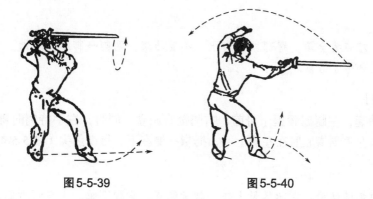

图5-5-39　　　　　　　　图5-5-40

6.跃步上挑

① 左脚经身前向前上一步，右脚随之在身后离地，小腿后弯。同时，右臂外旋手心朝里，使剑由右向上、向左屈肘划弧，剑至上身左侧时，右手靠近左胯旁，拇指一侧在上并向上屈腕；左手剑指在右手向左下落时附于右手腕上。目视剑尖（图5-5-41）。

② 左脚蹬地，右脚向右侧跃步，落地后屈膝略蹲，左脚随之离地屈膝从身后伸向右侧方，形成望月式平衡。上身向左侧倾俯。在右脚跃步的同时，右手持剑由左胯旁向下、向右划弧，当剑到达右侧方时，臂外旋并向拇指一侧屈腕，使剑向上挑击；左手剑指即向左上方屈肘横举，拇指一侧在下。目视右侧方（图5-5-42）。

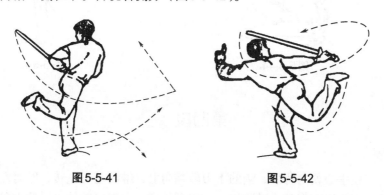

图5-5-41　　　　　　　　图5-5-42

要点

跃步和上挑动作必须协调一致，迅速进行。挑剑时，腕部要猛然用力上屈。形成平衡动作后，右腿略屈膝站稳，左小腿尽量向上抬起。上身向右拧转，剑身斜举于右侧上方，持剑手略松，便于手腕上屈。

7.仆步下压

① 右手持剑使剑尖从头上经过，继而向身后、向右弧形平绕，当剑绕到右侧时，即屈肘将剑柄收抱于胸部前下方，手心朝上。同时，右膝伸直，上身立起，左腿屈膝提于身前，左手剑指仍横举于左额前上方（图5-5-43）。

② 上动不停，左手剑指经身前下落，按在右手腕上。左脚随之向左侧落步，屈膝全蹲；右腿在右侧平铺伸直，脚尖里扣，成右仆步。同时，右手持剑用剑身平面向下带压，剑尖斜向右上方。上身前探，目向右平视（图5-5-44）。

要点

做仆步时，左腿要全蹲，臀部紧靠脚跟，不要凸起，两脚全脚掌均着地。上身前探时要挺胸，两肘略屈环抱于身前。

8.提膝直刺

两腿直立站起，左腿屈膝提于身前，右腿挺直站立。同时，右手持剑向身前平伸直刺，拇指一侧在上；左手剑指屈肘在左侧上举，拇指一侧在下。目视剑尖（图5-5-45）。

要点

右腿独立须挺膝站稳，左膝尽量上提，脚背绷直，脚尖下垂。上身稍右倾，右肩、右臂和剑身要成一直线，左臂屈成圆形。

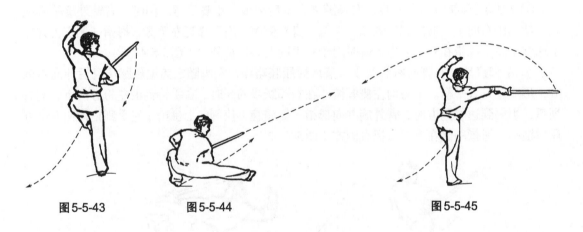

图5-5-43   图5-5-44   图5-5-45

第四段

1.弓步平劈

右臂外旋，先使手心朝向背后，剑的下刃转翻向上，继而上身左转，同时左脚向左后侧落一大步，屈膝；右脚以前脚掌为轴踮地，脚跟稍外转，右腿挺膝伸直，成左弓步。左手剑指随着持剑臂的运行而向右、向下，向左、向上圆形绕环，仍屈肘举于头部左侧上方；同时，右手持剑向身前平劈，拇指一侧在上，臂要伸直，剑尖略高于肩。目视剑尖（图5-5-46）。

要点

向前劈剑和剑指绕环这两个动作必须协调一致、同时完成，两肩要放松。

2.回身后撩

右脚向前上一步，膝微屈；左脚随之离地，小腿向上弯屈；上身前俯，腰向右拧转。右手持剑随右脚上步而向后反撩，剑尖斜向下方，拇指一侧在下；左手剑指前伸成侧上举，拇指一侧在下。目视剑尖（图5-5-47）。

右脚站立要稳，左脚脚背绷直，上身挺胸，两肩放松。

图 5-5-46　　　　　　　　　　图 5-5-47

3.歇步上崩

① 右脚蹬地，左脚向前跃步，上身随之向右后转；左脚落地，脚尖稍外撇，右腿摆向身后。在上身转动的同时，右臂外旋，使拇指一侧朝上；左手剑指在身后平伸，手心朝下。目视剑尖（图 5-5-48）。

② 上动不停，右脚在身后落步，两腿均屈膝全蹲，左大腿盖压在右大腿上，臀部坐在右小腿上，成歇步。同时，右手持剑直臂下压，手腕向拇指一侧上屈，使剑尖上崩；左手剑指随之屈肘在头部左上方侧举，拇指一侧在下。目视剑身（图 5-5-49）。

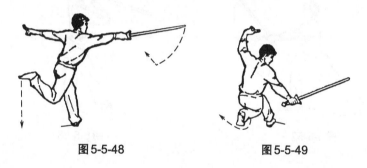

图 5-5-48　　　　　　　　　　图 5-5-49

向前跃步、歇步和剑尖上崩三个动作要连贯协调。跃步要远，落地要轻（前脚掌先着地）。上崩时腕部要猛然用力上屈，剑尖高与眉平。歇步时上身前俯，胸须内含。

4.弓步斜削

① 左脚脚尖里扣，上身右转，右脚随之向前上步，屈膝，左腿在身后挺膝伸直，成右弓步。右手持剑臂外旋使手心朝上，在转身的同时，屈肘向左肋前收回；左手剑指随之从身前下落，按在剑柄上。上身向右前倾，目视前方（图 5-5-50）。

② 上动不停，右手持剑由后向前上方斜面弧形上削，手心斜向上方，手腕稍向掌心一侧弯屈；同时，左手剑指伸向后方，拇指一侧在上。目视剑尖（图 5-5-51）。

斜削时，右臂稍低于肩，剑尖斜向脸前右上方，略高于头；左臂在身后侧平举，剑指指尖略高于肩部。

图 5-5-50

图 5-5-51

5.进步左撩

① 右腿伸直，上身向左转，左腿稍屈膝。同时，右手持剑使手心朝里经脸前边转身边向左划弧，剑至体前时，左手剑指附于右手腕里侧。目视剑尖（图 5-5-52）。

② 以右脚跟为轴蹍地，脚尖外撇，上身向右后转；左脚随之向前上步，以前脚掌虚着地面。同时，右手持剑反手向下、向前、向上继续划弧撩起，剑至前上方时，肘部略屈，拇指一侧在下，剑尖高与肩平；左手剑指随右手动作，仍附于右手腕上。目视剑尖（图 5-5-53）。

图 5-5-52

图 5-5-53

要点

上述两个剑身的划弧动作，必须连贯成一个完整的绕环动作。撩剑后，右腿微屈，左腿伸直，身体重心落于右腿，剑尖稍微朝下。

6.进步右撩

① 右手持剑直臂向上、向右后方划弧，左手剑指随势收于右肩前，手心朝左。目视剑尖（图 5-5-54）。

② 左脚踏实后以脚跟为轴蹍地，脚尖外撇，右脚随之向左脚前上一步，前脚掌虚着地面。同时，右手持剑由右向下、向前划弧抡臂撩起，剑至前方时，肘微屈，手心朝上，剑尖高与头平；左手剑指随之由右肩前向下、向前、向后上方绕环，屈肘侧举于头部左上方。目视剑尖（图 5-5-55）。

要点

同上述进步左撩，唯左右相反。

图5-5-54

图5-5-55

7.坐盘反撩

右脚踏实后向前上一小步，随即左脚从右腿后向右侧插一步，两腿屈膝下坐，成坐盘式，在左脚插步的同时，右手持剑向上、向左、向下再向右上方反手绕环斜上撩，剑尖高过头顶；左手剑指随之经体前向下、向后上方划弧，屈肘横举于左耳侧，拇指一侧在下，上身向左前倾俯。目视剑尖（图5-5-56）。

图5-5-56

🏃 要点

坐盘必须与反撩剑动作协调进行。坐盘时，左腿盘坐地面，左脚背外侧着地；右腿盘落于左腿上，全脚掌着地，脚尖朝身前。上身倾俯时胸要内含，剑尖与右臂、左肘、左肩成一直线。

8.转身云剑

① 右脚蹬地，两腿伸直站起，并以两脚的前脚掌踮地，使上身向左后转；转身之后，右腿屈膝略蹲，右脚踏实，左膝微屈，前脚掌虚着地面，身体重心落于右腿。同时，右手持剑随身体转动一周后屈肘使剑平举，拇指一侧在下；此时左手剑指附于右手腕处。目视剑尖（图5-5-57）。

② 上动不停，上身后仰，右手持剑向左、向后、向右、向前圆形平绕一周，剑至身前时，右手手心朝上。松把，使剑尖下垂；左手剑指放开，拇指一侧朝上，准备接握右手之剑。此时重心前移，左脚踏实，右腿伸直，上身前倾。目视左手（图5-5-58）。

图5-5-57

图5-5-58

要点

转身和云剑动作必须连贯，云剑要平、要快，腕关节放松使之灵活。

结束动作

（一）

右手将剑柄交于左手后即握成剑指，左手接剑后反握住剑柄向身体左侧下垂。此时右脚向右前方上步，脚尖里扣，屈膝略蹲，上身随之左转；左脚随之向前移步，以前脚掌虚着地面，膝微屈。在上身左转的同时，右手剑指随之由身后向上屈肘侧举于头部右上方，手心朝上。目向左平视（图5-5-59）。

要点

重心落于右腿，上身前倾，挺胸、塌腰，两肩松沉，左肘略上提，剑身紧贴前臂后侧，并与地面垂直。

（二）

右腿伸直，右脚向左脚靠拢，并步站立。右手剑指下落于身体右侧，手心朝下，恢复成预备势。目向正前方平视（图5-5-60）。

要点

同预备势。

图5-5-59

图5-5-60

第六节　太极剑

太极剑是在太极拳的基础上，融合剑术的特点发展而成的。它既遵循太极拳心静体松、身法中正、连贯圆活、协调自然的要求，又具有剑术轻快矫捷、臂灵腕活、刚柔相济的特点，是一项体现拳剑双重风格的武术项目。

一、初级太极剑（32式太极剑）动作名称

起势

第一段

1. 并步点剑
2. 独立反刺
3. 仆步横扫
4. 向右平带
5. 向左平带
6. 独立抡劈
7. 退步回抽
8. 独立上刺

第二段

9. 虚步下截
10. 左弓步刺

11. 转身斜带
12. 缩身斜带
13. 提膝捧剑
14. 跳步平刺
15. 左虚步撩
16. 右弓步撩

第三段

17. 转身回抽
18. 并步平刺
19. 左弓步拦
20. 右弓步拦
21. 左弓步拦
22. 进步反刺

23. 反身回劈
24. 虚步点剑

第四段

25. 独立平托
26. 弓步挂劈
27. 虚步抡劈
28. 撤步反击
29. 进步平刺
30. 丁步回抽
31. 旋转平抹
32. 弓步直刺

收势

二、动作说明

起势

① 身体正直，两脚开立，与肩同宽，脚尖向前。两臂自然垂于身体两侧，左手持剑，剑尖向上，剑身竖直。目视前方（图5-6-1）。

要点

上体要自然，不要故意挺胸、收腹。剑身在左臂后不要触及身体。两肩自然松沉。

② 右手握成剑指，两臂慢慢向前平举，高与肩平，手心向下。目视前方（图5-6-2）。

要点

两臂上起时，不要用力，两手宽度不超过两肩。剑身在左臂下要平，剑尖不可下垂。

图5-6-1

图5-6-2

③ 上体略向右转，身体重心移于右腿，屈膝下蹲，然后再向左转体，左腿提起向左侧前方迈出，成左弓步。左手持剑随即经体前向左下方搂出，停于左胯旁，剑立于左臂后，剑尖向上；同时右手剑指下落转成掌心向上，由右后方屈肘上举经耳旁随转动方向向前指出，高于眼平。先向右目视，然后向前目视右手剑指（图5-6-3、图5-6-4）。

图5-6-3   图5-6-4

要点

左臂向体前划弧时，身体要先微向右转。转体、迈步和两臂动作要协调柔和。

④ 左臂屈肘上提，左手持剑（手心向下）经胸前从右手上穿出，右手剑指翻转（手心向上），并慢慢下落撤至右后方（手心向上），两臂前后展平，身体后转。同时右腿提起向前横落，脚尖外撇，两腿交叉，膝部弯曲，左脚脚跟离地，身体稍向下坐，成半坐盘势。目视右手（图5-6-5）。

要点

两手必须在体前交错分开，右手后撤与身体右转动作要协调。

⑤ 左手持剑和右脚的位置不动，左脚前进一步，成左弓步；同时身体向左扭转，右手剑指随之经头部右上方向前落于剑把之上，准备接剑。目视前方（图5-6-6）。

要点

做动作时应先提腿和向左转头，然后再举右臂向前下落。两臂不要硬直，两肩要松。上体保持自然。

图5-6-5   图5-6-6

第一段

1.并步点剑

左手食指向中指一侧靠拢，右平剑指松开，虎口对着护手，将剑接换过，并使剑在身体左侧划一立圆，然后剑尖向前下点，剑尖略下垂，右臂要平直；左手变成剑指，附于右手腕部。同时右脚前进向左脚靠拢并齐，脚尖向前，身体略下蹲。目视剑尖（图5-6-7）。

图5-6-7

要点

剑身向前绕环时，两臂不可高举。右手握剑划圆以腕绕环。点剑时，肩要下沉，上体正直，力达剑尖。

2.独立反刺

① 右脚向右后方撤一步，随即身体向右后转，左脚收至右脚内侧，脚尖点地。同时，右手持剑经体前下方撤至右后方，右腕翻转，剑尖上挑；左手剑指随剑回撤，停于右肩旁。目视剑尖（图5-6-8、图5-6-9）。

② 上体左转，左腿屈膝提起，脚尖下垂，成独立式；同时右手渐渐上举，使剑经头部前上方向前刺出（拇指向下，做反手立剑），剑尖略低，力达剑尖；左手剑指经下颏处随转体向前指出，高与眼平。目视剑指（图5-6-10）。

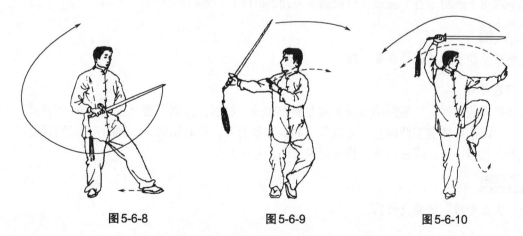

图5-6-8　　　　　　图5-6-9　　　　　　图5-6-10

要点

分解动作之间不要间断。独立姿势要稳定，身体不可前俯后仰。

3. 仆步横扫

① 上体右后转，剑随转体向右后方劈下，右臂与剑平直，左手剑指落于右手腕部。在转体的同时，右膝前弓，左腿向左横落撤步，膝部伸直。目视剑尖（图5-6-11）。

② 身体向左转，左手剑指经体前顺左肋反插，向后、向左上方划弧举起至左额前上方，手心斜向上；右手持剑翻掌，手心向上，使剑由下向左上方平扫，力达剑刃中部，剑高与胸平。在转体的同时，右膝弯曲成半仆步；此势不停，接着身体重心逐渐前移，左脚尖外撇，左腿屈膝，右脚尖里扣，右腿自然伸直，变成左弓步。目视剑尖（图5-6-12）。

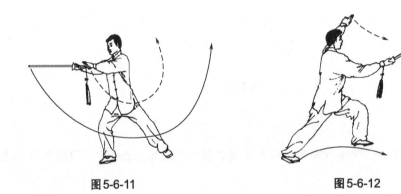

图5-6-11　　　　　　　　　　　图5-6-12

要点

以上两个分解动作，要连贯进行。弓步时，身体保持正直。

4. 向右平带

右腿提起经左腿内侧向右前方跨出一步，成右弓步。同时右手剑向前引伸，然后翻转手心向下，将剑向右斜方慢慢回带，屈肘，握剑手带至右肋前方，力达右剑刃，剑尖略高于手；左手剑指下落附于右手腕部。目视剑尖（图5-6-13）。

要点

剑的回带和弓步屈膝动作要一致。

5. 向左平带

右手剑向前引伸，并慢慢翻掌将剑向左斜方回带，屈肘，握剑手带至左肋前方，力达左剑刃；左手剑指经体前左肋向左上方划弧举起至左额上方，手心斜向上。同时左脚经右腿内侧向左前方迈出一步，成左弓步。目视剑尖（图5-6-14）。

要点

与"向右平带"的要点相同。

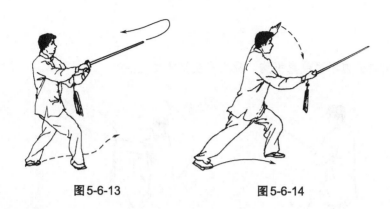

图5-6-13 图5-6-14

6.独立抡劈

右脚前进到左脚内侧，脚尖着地；左手剑指由头部左上方落至右腕部；然后身体左转，右手抽剑由前向下、向后划弧，经身体左下方旋臂翻腕上举，向前下方正手立剑劈下，力达剑下刃；左手剑指由身体左侧向下、向后绕至头左上方，掌心斜向上。在抡劈剑的同时，右脚向前一步，左腿屈膝提起，成独立步。目视剑尖（图5-6-15 ~ 图5-6-17）。

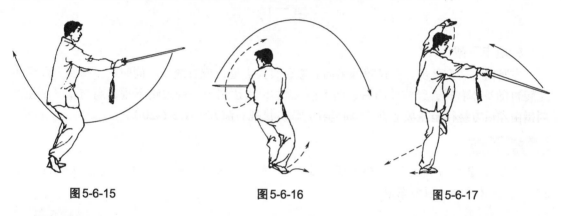

图5-6-15 图5-6-16 图5-6-17

✈ 要点

劈剑时，身体和头部先向左转，然后随剑的抡劈方向再转向前方。提膝和劈剑要协调一致。整个动作过程要连贯不停。

7.退步回抽

左脚向后落下，屈膝，右脚随之撤回半步，脚尖点地，成右虚步。同时右手剑回抽，剑把靠近左肋旁，手心向里，剑面与身体平行，剑尖斜向上；左手剑指下落附于剑把上。目视剑尖（图5-6-18）。

✈ 要点

右脚回撤与剑的回抽动作要一致，上体要正直。

8.独立上刺

身体微向右转，面向前方，右脚前进一步，左腿屈膝提起，成独立式。同时右手剑向前上方刺出（手心向上），力达剑尖，剑尖高与眼平；左手仍附于右手腕部。目视剑尖（图5-6-19）。

要点

身体微向前倾，但不要故意挺胸。独立式要平衡稳定。

图5-6-18　　　　　　　　　图5-6-19

第二段

9.虚步下截

左脚向左后方落步，右脚随即微向后撤，脚尖点地，成右虚步。同时右手持剑先随身体左转再随身体右转，经体前向右、向下按（截），力达剑刃，剑尖略下垂，高与膝平；左手剑指由左后方绕行至左额上方（掌心斜向上）。目视右前方（图5-6-20）。

要点

右脚变虚步与剑向下截要协调一致。如面向南起势，此式虚步方向正东偏北（约30°），上体右转，面向东南。

10.左弓步刺

右脚向右后方回撤一步，左脚收至右腿内侧后再向左前方迈出，成左弓步，面向左前方。同时，右手剑随身体转动经面前向后、向下抽卷，再向左前方刺出，手心向上，力达剑尖；左手剑指向右、向下落，经体前再向左、向上绕行至左额上方，手心斜向上，臂要撑圆。目视剑尖（图5-6-21、图5-6-22）。

图5-6-20　　　　　　图5-6-21　　　　　　　　图5-6-22

要点

右手回撤时，前臂先外旋再内旋（手心先转向外，再向下，再转向上），从右腰部将剑刺出。左手剑指绕行时要先落在右手腕部再分开转向头上方。弓步方向为东偏北（约30°）。

11.转身斜带

① 身体重心后移，左脚尖里扣，上体右转，随后身体重心又移至左脚上，右腿提起，贴于左腿内侧。同时右手剑收回横置胸前，掌心仍向上；左手剑指落于右手腕部。目视左方（图5-6-23）。

② 上势不停，向右后方转体，右脚向右侧方迈出，成右弓步；同时右手剑随转体翻腕，掌心向下并向身体右侧外带（剑尖略高），力达剑刃外侧；左手剑指仍附于右手腕部。目视剑尖（图5-6-24）。

要点

身体重心移动、向右侧方迈出做右弓步，须与向右后转的动作一致，力求平稳、协调。转身斜带弓步方向应转为正西偏北（约30°）。

12.缩身斜带

左腿提起后再向原位置落下，身体重心移至左腿，右脚撤到左脚内侧，脚尖点地。同时右手翻掌手心向上并使剑向左侧回带（剑尖略高），力达剑刃外侧；左手剑指随即由体前向下反插，再向后、向上绕行划弧落于右手腕部。目视剑尖（图5-6-25）。

要点

剑回带时，身体也随着向左扭转。身体后坐时，臀部不要凸起。

图5-6-23　　　　　　　图5-6-24　　　　　　　图5-6-25

13.提膝捧剑

① 右脚后退一步；左脚也微向后撤，脚尖着地。同时两手平行分开，手心均向下，剑身斜置于身体右侧，剑尖位于体前，左手剑指置于身体左侧（图5-6-26）。

② 左脚略向前进，右膝向前提起成独立式。同时右手剑把与左手（剑指变掌）在胸前相合，左手捧托在右手背下，两臂微屈，剑在胸前，剑身指向前方，剑尖略高。目视前方（图5-6-27）。

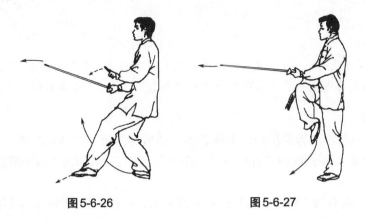

图5-6-26   图5-6-27

要点

以上两个分解动作要连贯不停。独立式左腿自然蹬直，右腿提膝，脚尖下垂。上体保持自然。

14.跳步平刺

① 右脚向前落下，身体重心前移，然后右脚尖用力蹬地，左脚随即前进一步踏实，右脚在左脚将落未落地时，迅速向左腿靠拢（脚不落地）。同时两手捧剑先微向回收，紧接随右脚落地再直向前伸刺，然后随左脚落地两手分开撤回身体两侧，两手手心向下，左手再变剑指。目视前方（图5-6-28、图5-6-29）。

② 右脚再向前上一步，成右弓步。同时右手剑向前平刺（手心向上），力达剑尖；左手剑指由左后方上举，绕至左额上方，手心斜向上。目视剑尖（图5-6-30）。

图5-6-28   图5-6-29   图5-6-30

要点

两手先略回收，再与右脚落地同时向前伸。左脚落地要与两手回撤动作一致。剑刺出后要平稳。

15.左虚步撩

身体重心后移至左腿上，上体左转，右脚回收再向前垫步，脚尖外撇，再向右转体，身体重心前移至右腿，左脚随即前进一步，脚尖着地，成左虚步。同时右手剑随身体转动经左上方向后、向下立剑向前撩出（前臂内旋，手心向外），力达剑刃前部，剑把停于头前，剑

166

尖略低；左手剑指在上体左转时即下落附于右手腕部，随右手绕转。目视前方（图5-6-31、图5-6-32）。

图5-6-31　　　　　　　　　图5-6-32

要点

撩剑的路线必须划一个整圆，剑指须下落到左肋侧再与右手相合。

16.右弓步撩

身体先向右转，剑由上向后绕环，掌心向外，剑指随剑绕行附于右臂内侧；随之左脚向前垫步，右脚继而前进一步，成右弓步。右手剑随着上右步由下向前立剑撩出（前臂外旋，手心向外），剑与肩平，剑尖略低，力达剑刃前部；剑指则由下向上绕行至左额上方，手心斜向上。目视前方（图5-6-33、图5-6-34）。

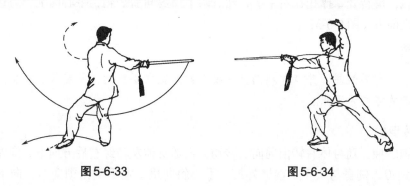

图5-6-33　　　　　　　　　图5-6-34

要点

剑向后绕环时，身体和眼神随着向后转；整个动作要连贯。

第三段

17.转身回抽

① 身体左转，重心后移，右脚脚尖里扣，左脚脚尖稍外展，右腿蹬直，成侧弓步。同时右手将剑柄收引到胸前，剑身平直，剑尖向右后，左手剑指仍附于右手腕上；然后身体再向左转，随转体剑向左前方劈下，力达剑刃（剑身要平），左手剑指附于右手腕部。目视剑尖（图5-6-35、图5-6-36）。

②身体重心后移至右腿，右膝稍屈，左脚回撤，脚尖点地，成左虚步；同时剑抽回至身体右侧（剑尖略低）；左手剑指收回再经胸前、下颚处向前指出，高与眼齐。目视剑指（图5-6-37）。

图5-6-35　　　　　　图5-6-36　　　　　　图5-6-37

要点

向左转体时，要先扣右脚，再展左脚，右臂先屈回胸前再向左劈；左手剑指必须随右手收到腹前，再向上、向前指出。全部动作要协调。如果面向南起势，此势方向则为东偏南（约30°）。

18.并步平刺

左脚略向左移，右脚向左脚靠拢成并步，面向前方，身体直立。同时左手剑指向左转并向右下方划弧，反转变掌捧托在右手下，然后两手捧剑向前平刺，手心向上，力达剑尖，高与胸平。目视前方（图5-6-38）。

要点

剑刺出后两臂要微屈，并步和刺剑要一致。身体直立要自然，不要故意挺胸。如果面向南起势，刺剑的方向为正东。

19.左弓步拦

右手翻腕后抽，随身体右转由前向右转动，再随身体左转经右后方向下、向左前方托起拦出，力达剑刃，剑身与头平，前臂外旋，手心斜向里；左手剑指则向右、向下、向上绕行，停于左额上方，手心斜向上。在身体左转时，左脚向左前方进一步，左腿屈膝，成左弓步。眼先随剑向右后视，后平视前方（图5-6-39、图5-6-40）。

图5-6-38　　　　　　图5-6-39　　　　　　图5-6-40

身体应随剑先向右转再向左转。右腿先微屈，然后上左脚。左手剑指随右手绕行，到右上方之后再分开。

20.右弓步拦

身体重心微向后移，左脚尖外撇，身体先向左转再向右转；在转体的同时，右脚经左脚内侧向右前方进一步，成右弓步。右手剑由左后方划一整圆向右前托起拦出（前臂内旋，手心向外），力达剑刃，剑身与头平；左手剑指附于右手腕部。目视前方（图5-6-41）。

要点

以上两个动作要连贯，剑须走一大圆，视线随剑移动。

21.左弓步拦

身体重心微向后移，右脚尖外撇，其余动作与要点与前"右弓步拦"相同，唯方向相反。右手剑拦出时，右臂外旋，手心斜向内。目视剑尖（图5-6-42）。

要点

与"右弓步拦"相同。

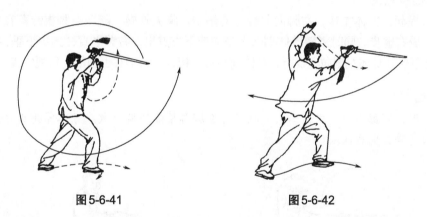

图5-6-41　　　　　　图5-6-42

22.进步反刺

① 身体向右转，右脚向前横落盖步，脚尖外撇，左脚跟离地成半坐盘势。同时剑尖下落，左手剑指下落到右手腕部，然后剑向后方立剑刺出，左手剑指向前方指出，手心向下，两臂伸平，右手手心向体前。目视剑尖（图5-6-43）。

② 身体左转，左脚前进一步，成左弓步；同时右前臂向上弯曲，剑尖向上挑挂，继而向前刺出（前臂内旋，手心向外，成反立剑），力达剑尖，剑尖略低；左手剑指附于右手腕部。目视剑尖（图5-6-44）。

要点

以上两个动作要连贯，弓步刺剑时身体不可太前俯。

图5-6-43　　　　　　　　　　　图5-6-44

23.反身回劈

身体重心先移至右腿，左脚脚尖里扣，然后重心再移至左腿上；右脚提起收回（不停），身体向右后转，右脚随即向前迈出成右弓步，面向中线右前方；同时剑随转体由上向右后方劈下，力达剑刃；左手剑指由体前经左下方转架在左额上方，手心斜向上。目视剑尖（图5-6-45）。

🐱 要点

劈剑、转体和迈右脚成弓步要协调一致。弓步和劈剑方向为正西偏北（约30°）。

24.虚步点剑

左脚提起，上体左转，左脚向起势方向垫步，脚尖外撇，随即右脚提起落在左脚前，脚尖点地，成右虚步。同时剑随转体划弧上举向前下方点出，右臂平直，剑尖下垂，力达剑尖；左手剑指下落经身体左侧向上绕行，在体前与右手相合，附于右手腕部。目视剑尖（图5-6-46）。

🐱 要点

点剑时，腕部用力，力达剑尖。点剑与右脚落地要协调一致。身体保持正直。虚步和点剑方向与起势方向相同。

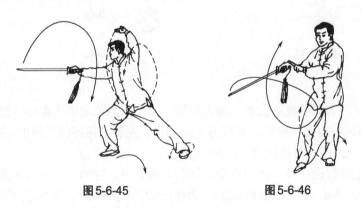

图5-6-45　　　　　　　　　　　图5-6-46

第四段

25.独立平托

右脚向左脚的左后方倒插步，两脚以脚掌为轴向右转体（面向前方），随即左膝提起成右独立步；在转体的同时，剑由体前先向左、向下绕环，然后随右转体动作向右上方托起，剑身略平，稍高于头，力达剑刃上侧；左手剑指仍附于右手腕部。目视前方（图5-6-47）。

要点

撤右腿时，右脚掌先落地，然后再以脚掌为轴向右转体。身体不要前俯后仰。提膝和向上托剑动作要一致。右腿自然伸直。

26.弓步挂劈

① 左脚向前横落，身体左转，两腿交叉成半坐盘式，右脚跟离地，同时右手剑向身体左后方穿挂，剑尖向后；左手剑指仍附于右手腕部。目向后视剑尖（图5-6-48）。

② 右手剑由左侧翻腕向上再向前劈下，剑身要平，力达剑刃；左手剑指则经左后方上绕至左额上方，手心斜向上。同时，右脚前进一步，成右弓步。目视剑尖（图5-6-49）。

要点

身体要先左转再右转，视线随剑移动。

图5-6-47　　　　　　　图5-6-48　　　　　　　图5-6-49

27.虚步抡劈

① 重心略后移，身体右转，右脚脚尖外撇，左脚脚跟离地成交叉步；同时剑由右侧下方向后反手撩平，左手剑指落于右肩前。目视剑尖（图5-6-50）。

② 左脚向前垫一步，脚尖外撇，身体左转，随即右脚向前一步，脚尖着地，成右虚步；同时剑由右后翻臂上举再向前劈下，剑尖与膝同高，力达剑刃；左手剑指自右肩前下落经体前向左上划圆再落于右前臂内侧。目视前下方（图5-6-51）。

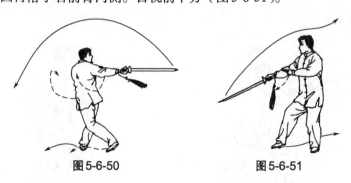

图5-6-50　　　　　　　图5-6-51

要点

以上两个分解动作要连贯，中间不要停顿。

28.撤步反击

上体右转，右脚提起向右后方撤一大步，左脚跟外转，左腿蹬直，成右侧弓步。同时剑向右后上方斜削击出，力达剑刃前端，手心斜向上，剑尖斜向上，高与头平；左手剑指向左下方分开平展，左手剑指略低于肩，手心向下。目视剑尖（图5-6-52）。

要点

右脚先向后撤，再蹬左脚。两手分开要与弓腿、转体动作一致。撤步和击剑方向为东北。

29.进步平刺

① 身体微向右后转，左脚提起贴靠于右腿内侧；同时右手翻掌向下，剑身收回于右肩前，剑尖斜向左前；左手剑指向上绕行向前落在右肩前。目视前方（图5-6-53）。

② 身体向左后转，左脚垫步，脚尖外撇，继而右脚前进一步，成右弓步。同时剑随转体动作向前方刺出，力贯剑尖，手心向上；左手剑指经体前顺左肋反插，向后再向左上绕至左额上方，手心斜向上。目视剑尖（图5-6-54）。

要点

左腿提起时，要靠近右腿后再转身落步，待左腿稳定后再进右步，上下须协调一致。

30.丁步回抽

身体重心后移，右脚撤至左脚内侧，脚尖点地，成右丁步。同时右手持剑屈肘回抽（手心向里），剑把置于左肋部，剑身斜立，剑尖斜向上，剑面与身体平行，左手剑指落于剑把之上。目视剑尖（图5-6-55）。

图5-6-52   图5-6-53

图5-6-54   图5-6-55

要点

右脚回收和剑回抽要一致,上体须正直。

31.旋转平抹

① 右脚提起向前落步外摆(两脚成八字形);同时上体稍右转,右手翻掌向下,剑身横置胸前。目视剑尖(图5-6-56)。

② 身体重心移于右腿,上体继续右转,左脚随即向右脚前扣步,两脚尖斜相对(成内八字形),然后以左脚掌为轴向右后转身,右脚随转体向中线侧后方后撤一步,左脚随之稍后收,脚尖点地,成左虚步。同时剑随转体由左向右平抹,力达剑刃外侧,然后在变左虚步的同时,两手向左右分开,置于两胯旁,手心都向下,剑身斜置身体右侧,剑尖位于体前,身体恢复起势方向。目视前方(图5-6-57、图5-6-58)。

| 图5-6-56 | 图5-6-57 | 图5-6-58 |

要点

移步转身要平稳自然,不要低头弯腰,速度要均匀。由"丁步回抽"到"旋转平抹"完成转体约360°,身体仍回归起势方向。

32.弓步直刺

左脚向前进半步,成左弓步;同时立剑直向前刺出,高与胸平,力达剑尖;左手剑指附在右手腕部。目视前方(图5-6-59)。

图5-6-59

要点

弓步、刺剑动作要一致。

收势

① 身体重心后移，随即身体向右转；同时，剑向右后方回抽，手心仍向内；左手也随即屈肘回收（两手心内外相对），接握剑的护手。目视剑身（图5-6-60）。

② 身体左转，身体重心再移到左腿，右脚向前跟进半步，与左脚成开立步（与肩同宽，脚尖向前）。同时左手接剑（反握），经体前下落垂于身体左侧；右手变成剑指向下、向右后方划弧上举，再向前、向下落于身体右侧；全身放松。目视前方（图5-6-61）。

图5-6-60

图5-6-61

思考题

1.长拳的技术特点是什么？

2.刀术与剑术在运动方法上有哪些共同点和区别？

3.太极拳有哪几个流派？简化太极拳属哪个流派？其运动特点是什么？

4.少年拳第二套由哪几个规定动作组成？

第六章

散打与女子防身术

第一节　散打

一、简介

　　散打，亦称散手，古称相搏、手搏、白打、手战、卞等。由于徒手相搏相较的对抗形式是在台子上进行的，又称"打擂台"。现代散打是以武术中踢、打、摔的动作为内容，按照一定的体重分级，在规则允许的情况下，进行斗智、较技的对抗性竞赛项目。中国武术散打自1979年3月被确定为试点项目以来，经过十几年的内部交流、公开表演，在不断总结经验的基础上，比较科学地规范了技术动作，逐步完善了规则，确定了竞赛模式，于1989年被国家体委（现"国家体育总局"）列为正式比赛项目。目前，除每年举行全国性的团体赛和个人冠军赛外，武术散打还被列为全运会、亚运会和世界武术锦标赛项目。随着散打运动在国内外交流的日益频繁，散打技术得到了很大的提高。散打这一运动形式已被越来越多的人接受和喜爱，这为散打项目走向世界、走进奥运奠定了坚实基础。

二、基本技术

（一）实战姿势（以左势为例，以下均同）

　　散打的实战姿势，通常也称预备姿势。侧身，两脚前后开立，约为一自然步的距离；前脚尖与后脚跟在一直线上，两脚尖均斜向右前方，两膝微屈，后脚跟微踮起；两手握拳，拳眼斜朝上，左前右后屈肘举于体前，左臂屈90°～110°之间，左拳与鼻同高；右臂屈小于90°，垂肘紧护右肋，右拳置于右下颏处；下颏微收，闭嘴合齿，含胸拔背，面部和左肩、左拳正对对手，全身放松处于一种"弹性"状态（图6-1-1）。

　　要点

　　两膝微内裹，身体重心在两脚之间，垂肘护肋，暴露给对手的身体部位要小。

图6-1-1

（二）基本步法

散打步法的作用首先是为了配合攻防动作的运用，其次是为了保护动态中的身体平衡与敌我双方的有效距离。步法是散打技术运用的基础，"有招必有步"和"步动招随，招起步进"就是这个意思。散打步法的总体要求是"快、灵、变"。快是指步法移动要迅速；灵是指步法移动要轻灵，有弹性；变是指步法在运用中能随机应变，转换自如。

1.进步

预备姿势，后脚蹬地，前脚掌擦地向前进半步，后脚再跟进半步（图6-1-2、图6-1-3）。

图6-1-2 图6-1-3

要点

进步步幅不宜过大，后脚跟进后的身体姿势不变，进步与跟步衔接越快越好。

2.退步

预备姿势，前脚蹬地，后脚掌擦地向后退半步，前脚再退回半步（图6-1-4、图6-1-5）。

图6-1-4 图6-1-5

要点

退步步幅不宜过大，身体姿势保持不变，退步要快。

3.上步

预备姿势，后脚向前上一步，同时左、右拳前后交换成反架姿势（图6-1-6、图6-1-7）。

图6-1-6　　　　　　　　　　　图6-1-7

要点

上步时身体不能前后摆动，上步与两手动作要同时进行，要协调、迅速。

4.撤步

预备姿势，前脚向后撤一步，成右前左后，左脚跟离地，右脚脚尖外展，重心偏于右腿（图6-1-8、图6-1-9）。

图6-1-8　　　　　　　　　　　图6-1-9

要点

撤步不宜过大，重心移动要平稳，两脚要轻灵。

5.闪步

预备姿势，左（右）脚向左（右）侧移半步，右（左）脚随之向左（右）滑步；同时身体向右（左）转体约90°（图6-1-10、图6-1-11）。

图6-1-10　　　　　　　　　　　图6-1-11

步伐轻灵，转体闪躲灵活、敏捷。

6.垫步

预备姿势，后脚蹬地向前脚内侧并拢，同时前腿屈膝提起（图6-1-12、图6-1-13）。

图6-1-12　　　　　　　　　图6-1-13

后脚向前脚并拢要迅速，垫步与提膝不脱节、不停顿；身体向前移动，勿向上腾空。

（三）基本拳法

拳法是散打运动中主要的进攻方法之一，主要分为冲、掼、抄、鞭4种。在进行练习和实战中要牢记随步进攻，出拳要快。整个力由脚到拳协调快速传递，既脚蹬、髋转、送臂出拳。然后拳迅速回收成预备姿势。

1.冲拳

冲拳是所有武术技术中最基本的技法，属直线型攻击方法。在拳法中是中近距离进攻对手的重要手段。由于冲拳动作相对隐蔽，尤其是后手冲拳力量较大，是重击对手的有效方法。

① 左冲拳　预备势。后脚蹬地，腰微右转，重心微向前移的同时，左手内旋，左拳向前直线冲出，拳心向下，力达拳面（图6-1-14、图6-1-15）。

图6-1-14　　　　　　　　　图6-1-15

要点

冲拳时，上体不可过于前倾。拳面领先，大臂催前臂，臂微内旋，肘微屈。快出快收，冲拳后迅速还原成预备势。

用法

左冲拳特点是距离对手较近，易发动，预兆小，灵活性强，但力度较小。可以结合身体的高、低姿势或左、右闪躲动作击打对方腰部以上任何部位。既可主动进攻，又能防守反击，而且可以起到以假乱真的作用。

例如，双方在对峙状态下，甲突然快速地进步或上步，以左冲拳攻击乙的头部或胸部（图6-1-16、图6-1-17）。

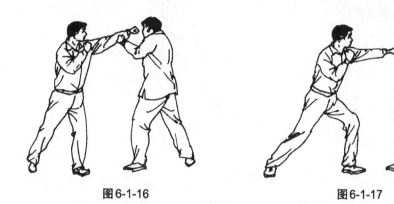

图6-1-16　　　　　　　　　　　　图6-1-17

②右冲拳　预备势。右脚蹬地并以前脚掌为轴向内扣转，转腰送肩的同时，右拳直线向前冲出，力达拳面；左拳或变掌回收至右肩内侧（图6-1-18、图6-1-19）。

要点

右脚发力，传送到腰、肩、肘，最后力达拳面。

用法

右冲拳是主要的进攻动作之一。它的特点是攻击距离长，能充分利用蹬腿、转腰的力量，加大冲拳力度，具有较大的威胁力。

例如，当甲突然用左冲拳攻击乙头部时，乙迅速俯身下躲，同时用右冲拳反击甲腹部（图6-1-20）。

图6-1-18　　　　　　　图6-1-19　　　　　　　图6-1-20

2.掼拳

掼拳是弧线型进攻方法，分左、右掼拳两种，在相互的连续击打中使用率较高。可以结合身体姿势的高、低变化，击打对方的太阳穴、耳门、腮和腰肋部位。由于摆动幅度大，所以击打力量很大。但也因幅度大和运动路线长，使得动作的隐蔽性较差，运用时动作幅度宜小不宜大。

①左掼拳　预备势。上体微向右转；同时左拳向外（约45°）、向前、向里横掼，臂微屈，拳心朝下，力达拳面；右拳护于右腮旁（图6-1-21、图6-1-22）。

图6-1-21

图6-1-22

要点

掼拳发力时，臂微屈，肘尖抬至与肩平。以腰发力，力达拳面。

用法

左掼拳是一种横向型的进攻动作，可以结合身体姿势的高、低变化，击打对方的侧面。上盘可击打太阳穴，中盘可击腰肋部位。

例如，双方对峙时，甲突然向左闪步，以左掼拳抢攻乙右侧头部。或当乙用右掼拳进攻甲上盘时，甲迅速俯身下躲后，以左掼拳反击乙方头部（图6-1-23～图6-1-25）。

图6-1-23

图6-1-24

图6-1-25

②右掼拳　预备势。右脚蹬地并向内扣转，合胯并向左转腰，同时右拳向外（约45°）、向前、向里横掼，力达拳面或偏于拳眼侧；左拳回收至左腮前（图6-1-26、图6-1-27）。

图6-1-26   图6-1-27

要点

右脚内扣，合胯转腰与掼拳发力要协调一致。掼拳发力时，肘尖微抬，使肩、肘、腕基本成水平。

用法

右掼拳也是一种横向型进攻动作。它的特点是能充分借助右脚蹬地转腰的力量来加大进攻的力度，但因其进攻路线长，运用时动作幅度宜小不宜大。此拳法多用于连击或防守后反击。

例如，双方对峙时，乙用右抄拳进攻甲腹部，甲左手向里掩肘防守的同时，用右掼拳反击乙头部（图6-1-28、图6-1-29）。

图6-1-28   图6-1-29

3.抄拳

抄拳在散打中属于近距离攻击型拳法，可分为左、右抄拳两种。主要在双方对抗时，攻击对方的胸、腹和下颏等部位。

①左抄拳　预备势。重心略下沉，左拳由下向前上方勾起，大小臂夹角在90°～110°之间，拳心朝里，力达拳面（图6-1-30、图6-1-31）。

要点

抄拳时动作要连贯、顺达，用力要由下至上。发力短促，力达拳面。

用法

例如，甲以左抄拳进攻乙的胸、腹部时，乙迅速沉身左转右掩肘后，以左抄拳反击甲躯干以上部位（图6-1-32、图6-1-33）。

图6-1-30   图6-1-31

图6-1-32   图6-1-33

②右抄拳　预备势。右脚蹬地，扣膝合胯，微向左转腰的同时，右拳由下向前、向上抄起，大小臂夹角在90°～110°之间，拳心朝里，力达拳面；左拳回收至右肩内侧（图6-1-34、图6-1-35）。

图6-1-34   图6-1-35

🐾 **要点**

右抄拳要借助右脚蹬地、扣膝、合胯、转腰的力量，发力由下至上，协调顺达。

▋ 用法

例如，乙以右掼拳攻击甲上盘左侧时，甲以右抄拳反击乙躯干以上正面部位（图6-1-36、图6-1-37）。

图6-1-36　　　　　　　　　　　　　　　图6-1-37

4.鞭拳

鞭拳是横向型进攻动作之一，并能借助转体的惯性，动作幅度大，运动路线长，力度较大。用于退守反击时，动作隐蔽、突然。鞭拳一般分为原地右后转身右手鞭拳、上步左转身左手鞭拳和盖步右转身右手鞭拳。

下面以右鞭拳为例说明。

预备势。以左脚前脚掌为轴，右脚蹬地并经左腿后插步，身体向右后转180°；同时左臂回收至胸前；上动不停，上体继续右转，同时右拳反臂向右侧横向鞭打，拳眼朝上，力达拳背（图6-1-38 ~ 图6-1-40）。

图6-1-38　　　　　　　　图6-1-39　　　　　　　　图6-1-40

▋ 要点

转体要快，以头领先，不能停顿，双腿支撑要稳。出拳时，以腰带臂，前臂鞭打甩拳。

▋ 用法

例如，双方对峙时，甲先以左拳虚晃伴攻，继而右脚插步，身体右后转，右鞭拳横击乙上盘（图6-1-41 ~ 图6-1-43）。

图6-1-41 　　　　　　　 图6-1-42 　　　　　　　 图6-1-43

（四）基本腿法

腿法是武术技法的一类，在散打中占有很大比重。它主要包括蹬、踹、扫、摆等踢法，用以进攻对手的腿部、躯干和头部。人的下肢比上肢长，力量也比上肢大，所以腿的攻击力强，力度大，是远距离对抗的主要方法。拳术谚语中有"手是两扇门，全凭腿打人""手打三分，脚踢七分"等说法。当然，由于脚的主要功能是支撑身体，起腿击敌时，单腿支撑，支持面减少，易导致身体重心不稳。所以在搏击中，既要发挥腿法的特长，又要避其所短。通过腿部柔韧性和平衡动作的练习，有助于提高下肢动作的幅度、支撑力和平衡能力，从而提高腿法的灵活性和踢击的技能。在运用腿法时，要尽量避免预兆过大，要快速出击，迅速回收，以便防守和连续进攻。

1.蹬腿

蹬腿可用于进攻、阻击和摆脱对方。散打中的蹬腿，除力达脚跟外，当蹬击对方时，还可以脚踝发力，前脚掌下压。这样容易将对方蹬开或使其倒地。

① 左蹬腿　预备势。右腿直立或稍屈，左腿提膝抬起，勾脚，以脚跟领先向前蹬出，力达脚跟（图6-1-44 ~ 图6-1-46）。亦可送髋，脚掌下压，力达脚前掌。

图6-1-44 　　　　　　　 图6-1-45 　　　　　　　 图6-1-46

② 右蹬腿　预备势。身体重心前移，左腿直立或稍屈，身体稍左转；右腿屈膝前抬，勾脚，以脚跟领先向前蹬出，力达脚跟（图6-1-47 ~ 图6-1-49）。亦可送髋，脚掌下压，力达脚前掌。

图6-1-47

图6-1-48

图6-1-49

要点

屈膝高抬，爆发用力，快速连贯。

用法

散打中的蹬腿动作，与套路中蹬腿动作的要求相同。例如，迎面蹬腿，当乙上步用拳法进攻甲时，甲迎面抢先用蹬腿击乙躯干部位（图6-1-50）。

图6-1-50

2.踹腿

踹腿是比赛中使用率较高的腿法之一，主要用于进攻与阻击。由于踹腿使用变化较多，走直线，速度快，力量大，不易防守，而且配合步法运用，变化多，可在不同距离上使用。一般情况下，可用低踹腿击对方下肢，中踹腿击对方躯干，高踹腿击对方头部。

① 左踹腿　预备势。重心稍后移，右腿直立或稍屈支撑，左腿屈膝抬起，小腿外摆，脚尖勾起，上体右倾，脚掌正对攻击目标，展髋挺膝用力向前踹出，脚尖横向，力达脚掌（图6-1-51 ~ 图6-1-53）。

图6-1-51

图6-1-52

图6-1-53

② 右踹腿　预备势。左腿直立或稍屈支撑，身体向左转1肋度，同时右腿屈膝抬起，小腿外摆，脚尖勾起，上体左倾，脚掌正对攻击目标，展髋挺膝用力向前踹出，力达脚掌（图6-1-54 ~ 图6-1-56）。

图 6-1-54

图 6-1-55

图 6-1-56

要点

踹腿时，上体、大腿、小腿、脚掌成一条直线，踹出时要以大腿推动小腿直线向前发力。

用法

例如，低踹腿击对方下肢（图 6-1-57），中踹腿击对方躯干（图 6-1-58），高踹腿击对方头部（图 6-1-59）。

图 6-1-57   图 6-1-58   图 6-1-59

3.横摆腿

横摆腿是一种弧线进攻型腿法，摆腿攻击距离远，在实战中使用较多。可攻击对手上、中、下三盘。它以身带腿，速度快，力量大，运用得好能起到重击对手的作用。但因弧型横摆，路线长、幅度大，较容易被对手察觉和防守。实战中应注意动作快速、突然。

① 左横摆踢腿　预备势。上体稍右转并侧倾，顺势带动左腿，直腿向右上方横摆打腿，扣膝，踝关节屈紧，力达脚背至小腿下端（图 6-1-60、图 6-1-61）。

图 6-1-60

图 6-1-61

② 右横摆踢腿 预备势。左膝外展，上体左转，收腹，带动右腿收髋、扣膝、直腿向左上方横摆打腿，踝关节屈紧，力达小腿下端至脚背（图6-1-62～图6-1-64）。

图6-1-62　　　　　　　　图6-1-63　　　　　　　　图6-1-64

要点

以转体带动摆腿，动作连贯、快速。

用法

例如，甲左冲拳击乙头部，乙撤步闪躲，随即甲左转身右横摆腿击乙肋部（图6-1-65、图6-1-66）。

图6-1-65　　　　　　　　　　　图6-1-66

4.扫腿

扫腿分前、后扫腿两种，是一种低位攻击型腿法。这里主要介绍后扫腿。使用后扫腿进攻对手时机选择很重要，一是距离要适中；二是对方身体重心在前脚上。脱离了这两个条件使用扶地后扫腿，成功率较低。完成动作后，不管成功与否，应迅速站起来，或准备迎击对手反攻。

左腿屈膝全蹲，脚前掌为轴，两手扶地向右后方转体一周，展髋带动右腿向左后方弧线擦地直腿后扫，脚掌内扣勾紧，力达脚后跟至小腿下端背面（图6-1-67、图6-1-68）。

图6-1-67　　　　　　　　　　　图6-1-68

要点

拧腰低身与转体要快速连贯，借以带动扫腿，加快动作速度，增强力度。

用法

实战中，突然下蹲，没有经验的对手会出现瞬间的迟疑，容易将其扫倒。例如，后扫破拳法，当乙右腿在前欲以拳法进攻时，甲突然下蹲，后扫腿击乙脚跟（图6-1-69、图6-1-70）。

图6-1-69　　　　　　　　　　　　图6-1-70

（五）基本摔法

摔法是武术中"四击"之一。"远腿、近拳、贴身靠摔"，摔是掷出、颠翻的意思。散手中的摔法讲究一触即摔，即"快摔"。摔法既可用于主动进攻，也可用于防守反击。这里介绍几种常用的摔法。

1.夹颈过背摔

双方（称甲、乙）由实战姿势开始（以下均同）。乙以左直拳击甲头部；甲用前臂格挡乙左前臂，左臂由乙右肩上穿过后，屈臂夹乙颈部；同时右脚背步（转体撤步）至与左脚平行，两腿屈膝，身体右转，以左侧臀部紧贴乙小腹部；继而两腿蹬伸，向下弓腰低头，将乙背起后摔倒（图6-1-71 ~ 图6-1-73）。

图6-1-71　　　　　　　图6-1-72　　　　　　　图6-1-73

　要点

夹颈要紧，背步转身要快，低头、蹬腿要协调快速有力。

用法

多用于防守冲拳、掼拳击头部时反击，或主动进攻。

2.插肩过背摔

乙用右掼拳击甲头部，甲立即向前上步，左闪身，左臂由乙右腋下穿过；背右步至与左脚平行，两腿屈膝；同时右手推拍乙左前臂，两腿蹬直，向下弓腰低头，右上臂插抱乙右腋下将乙摔倒（图6-1-74～图6-1-76）。

图6-1-74　　　　　　图6-1-75　　　　　　图6-1-76

要点

闪身快，背步、转身协调一致，低头、弯腰、蹬腿连贯有力。

用法

防守冲拳、掼拳对头部攻击时，闪躲反击。

3.拨颈勾踢摔

乙用右拳击甲头部，甲用左掌外格乙右前臂，顺势抓拿乙手腕部，并伸右臂穿过乙的肩部，用手向右拨乙颈部右侧；同时右脚勾踢乙左脚的踝关节处将乙勾倒（图6-1-77～图6-1-79）。

图6-1-77　　　　　　图6-1-78　　　　　　图6-1-79

要点

拨颈、勾踢要协调有力。

用法

用于对冲、摃拳击打时的防守反攻快摔。

4.抱腿前顶摔

乙出拳击打甲头部时，甲上左步，下潜躲闪，两手搂抱乙双膝关节处，屈肘用力回拉；同时用左肩前顶乙大腿或腹部，将乙摔倒（图6-1-80、图6-1-81）。

图6-1-80　　　　　　　　　　　图6-1-81

要点

下潜要快，抱腿要紧，两手后拉与肩顶要有力，并协调一致。

用法

用于主动进攻或防守反击。

5.夹颈打腿摔

乙用左冲拳击甲头部，甲用右前臂外格乙左臂，顺势抓拿乙手腕部；左手由乙右肩上穿过，屈肘夹乙颈部；同时右脚经左脚向后插步与左腿平行，随即右转体用左小腿向后横打乙左小腿，将乙掀起摔倒（图6-1-82～图6-1-85）。

要点

格挡迅速，夹颈有力，打腿、转身协调一致。

用法

在对手冲拳或摃拳击打时，防守反击。

图6-1-82　　　　　　　　　　　图6-1-83

图6-1-84　　　　　　　　　　图6-1-85

（六）散打主要防守技术

1.接触防守

①拍挡　左手（右手）以拳心或掌心为力点向里横向拍挡（图6-1-86）。

要点

前臂尽量垂直，拍挡幅度小，用力短促。

用法

用于防守对方直线型拳法或横向型腿法对上盘的进攻（图6-1-87、图6-1-88）。

图6-1-86　　　　　　　图6-1-87　　　　　　　　　　图6-1-88

②挂挡　左手（右手）屈臂向同侧头部或肩部挂挡（图6-1-89）。

要点

大小臂叠紧上挂贴于头侧，要含胸侧身，以缩小暴露面。

用法

防守对方横向型的手法或腿法攻击上盘，如左右掼拳或左右横踢腿等（图6-1-90、图6-1-91）。

③拍压　左拳（右拳）变掌，以掌心或掌根为力点由上向下拍压（图6-1-92）。

图6-1-89　　　　　　图6-1-90　　　　　　　　图6-1-91

要点

拍压时臂要弯曲，手腕和掌指要紧张用力，臂内旋，虎口、指尖均朝右（左）。

用法

防守对方正面的手法或腿法攻击中盘，如下冲拳、勾拳及蹬腿等（图6-1-93、图6-1-94）。

图6-1-92　　　　　　图6-1-93　　　　　　　　图6-1-94

④ 阻挡　两脚蹬地，身体微前移，以肩部或手臂阻挡对方直线拳法的进攻（图6-1-95、图6-1-96）。

图6-1-95　　　　　　　　图6-1-96

要点

身体用力。阻挡拳法要含胸、闭气、提左肩并收下颏；阻挡腿法要含胸、收腹、沉气，两手紧护体前，尽量缩小被击面。

用法

破坏、阻挡对方的进攻，为反击做准备。

2.闪躲防守

①撤步 前脚由前向后收步，接近后脚时脚前掌着地，重心落于后腿（图6-1-97）。

要点

前脚回收迅速，虚点地面；上体正直，支撑要稳。

用法

防守对方以腿法攻击下盘部位，如低蹬腿、低踹腿等（图6-1-98）。

②后闪 重心后移，上体略后仰闪躲（图6-1-99）。

要点

后闪时下颏收紧，闭嘴合齿；后闪幅度不宜过大，重心落于后腿。

用法

防守对方拳法攻击上盘部位，为以腿法反击做准备，因此常常配合前蹬腿做防守反击练习。

图6-1-97　　　　　图6-1-98　　　　　图6-1-99

③侧闪 两膝微屈，俯身，上体向左侧或右侧闪躲（图6-1-100）。

要点

上体要含缩，侧身不转头，目视对方。

用法

躲闪对方用手法正面攻击上盘部位，如左、右冲拳等（图6-1-101）。

④下蹲躲闪 屈膝，沉胯，缩颈，重心下降，弧形向下躲闪，两手紧护胸部（图6-1-102）。

要点

下潜躲闪时，膝关节、髋关节和颈部要协调一致，目视对方。

用法

防守对方横向攻击头位，如左、右掼拳以及高横踢腿等（图6-1-103）。

⑤提膝　后腿微屈，独立支撑，前腿屈膝提起（图6-1-104）。

图6-1-100　　　　　　　　　图6-1-101

图6-1-102　　　　　　　　　图6-1-103

要点

重心后移，提膝迅速。

用法

防守对方正面或横向腿法攻击下盘部位，如低踹腿、勾踢腿等。若对方腿法攻击的是大腿或腰腹部，则可用小腿阻挡，以防守对抗（图6-1-105、图6-1-106）。

图6-1-104　　　　　　　　图6-1-105　　　　　　　　图6-1-106

第二节　擒拿与反擒拿

一、擒拿与反擒拿简介

擒拿是由武术运动逐步发展而成的一项克敌制胜的技击招法。它是针对人体各部位的关节和穴位，采用缠、架、抓、拧、推、压、拨、刁等手法，拿住对方一个或两个关节，达到"拿其一点，控其全身"的目的。因为人体各部位的构造功能有一定的限度，各个关节的弯曲旋转幅度有一定的范围。当人体的某些肌肉、骨骼、穴位受到超过生理限度的压迫或外界暴力时，就会产生剧烈的反应，轻者出现酸、麻、木等感觉，重者失去抵抗能力；再者则分筋错位，脱臼骨折，造成伤残；更有甚者会失去知觉而昏迷，乃至丧失生命。反擒拿则是被人擒拿时，审对方之意，凭肌肉感觉，及时掌握其劲路变化，顺人之势，借人之力，化解其擒拿之后而反击之。使用擒拿与反擒拿时，要出其不意，攻其不备，快速勇猛，出手稳、力点准、发劲狠。

武术谚语云："远打，近拿，贴身摔"。擒拿技术具有快速灵敏、贴身近战和技击性强的特点。而且擒拿是用反关节和点拿穴位的方法制胜于敌，技术性强而又复杂，练习者需具备一定的人体解剖学、人体生理学和生物力学等方面的知识。并在熟练掌握各种方法要领的同时，还要加强基本功和自身身体素质的训练，以及掌握必要的擒拿技法规律。在学习和运用擒拿技术的同时要做到，上下相随，协调击打；见手使手，借劲使劲，顺势发力；虚实分明，避实击虚；出其不意，攻其不备；扬长避短，沉着善战。只有遵循这些原则，技术娴熟，才能在擒拿搏击中灵活运用、得心应手，充分发挥其攻击力。

二、擒拿基本手法

擒拿技术是一门与敌人进行近身近战的格斗技术，以擒拿对手的关节和穴位为主。在近距离的实战中，只有针对不同的情况，灵活运用不同的擒拿手法，才能制服对方取胜。因此学好手法是非常重要的，擒拿的手法很多，主要介绍以下几种。

抓：对方用拳或掌击来，五指合力将其前臂或腕关节握住。在实战中，抓和拿是并举配合运用的。

拧：对方用拳或掌击来，抓住对方前臂或腕关节向里或向外旋转，将其控制住，称之为拧。

拨：对方用拳击打己方腹部时，己方用前臂由上向下、向里封堵，使对方攻击方向改变后迅速回收，称之为拨。

架：对方用拳或掌击来，用前臂向上横截，支撑对方前伸臂。

压：对方用拳或掌击打己方腹部时，己方前臂由上向下挤住对方前伸臂用力向下。常与拿一起使用，压住对方的臂、腕、肘、膝等关节处，使其无法移动。

缠：对方抓住己方手腕时，己方被抓手以腕关节为轴向上、向外、向下旋转，抓拧对方手腕。

推：对方用拳或掌击来，己方用手向外或向前用力，使其前臂移动，改变攻击方向，称之为推。

托：对方用拳或掌由上向下击来，己方用手掌由下向上举，控制对方手臂，阻止对方下击。

刁：对方用拳或掌击打己方头面部，己方反手由里向外，小指一侧先接触对方前臂或腕关节，然后五指合力，将其前臂或腕关节攥住，称之为刁。

捋抓：对方用拳或掌击打己方头面部，己方用前臂由下向上横截，当触到对方前伸臂时，顺势反手抓紧对方前臂或腕关节，用力向自己斜下方拉，称之为捋抓。

搅架：对方用拳或掌击打己方头面部，己方用前臂向斜上方架出，拳心朝里，当触到对方前臂后迅速外旋上架前臂，拳心朝外。上架前臂要贴紧对方前臂，不但使对方前臂改变攻击方向，还可紧紧将其控制住。

三、擒拿与反擒拿实用技法

（一）挑掌抓拧

① 对方正面左手由外侧向内抓握己方手腕，己方左脚向左前上半步，脚尖内扣，同时屈右肘下沉，右手成八字掌上挑（图6-2-1、图6-2-2）。

图6-2-1　　　　　　　　　　　　　图6-2-2

② 己方小臂内旋，右掌由上向右下翻切，反抓握住对方左手腕，随即右脚向斜后撤半步，右手由外向里翻拧（图6-2-3、图6-2-4）。

图6-2-3　　　　　　　　　　　　　图6-2-4

要点

手法与步法配合要协调，抓拧要有力。

（二）扣手缠腕

① 对方右手由上向下抓握己方手腕，己方左手由上向下扣握住对方右手背，同时屈右肘横抬（图6-2-5、图6-2-6）。

图6-2-5 图6-2-6

② 己方顺势向右后撤右步，同时右手变掌上挑抓握对方右手腕向外、向下拧压，擒拿对方腕部（图6-2-7、图6-2-8）。

图6-2-7 图6-2-8

要点

扣握要紧，抓腕切拧要有力，撤步要快。

（三）撤步折腕

① 对方正面右手抓握己方右手腕，己方左手扣握对方右手，拇指顶其手背，右臂屈肘横抬，左脚后撤一步（图6-2-9、图6-2-10）。

图6-2-9 图6-2-10

②　己方左手和右手四指同时扣抓住对方的右掌心，两拇指前顶，双手推压其手腕，并向下、向后拉带，边卷边压（图6-2-11、图6-2-12）。当对方抓己方胸时也可用此方法。

图6-2-11　　　　　　　　　　　图6-2-12

要点

扣、抓掌要快，推、压、拉带要协调有力。

（四）扣腕格肘

①　己方右手腕被对方的右手抓握，己方左手由上向下扣握住对方右手，同时屈右肘横抬（图6-2-13、图6-2-14）。

图6-2-13　　　　　　　　　　　图6-2-14

②　随即左脚向左前上半步，右手成掌反抓握住对方右手腕向内拉，同时上体右前倾，左肘向下格压对方右肘（图6-2-15、图6-2-16）。

图6-2-15　　　　　　　　　　　图6-2-16

扣、抓、拉要紧，格压要有力。

（五）别肘压肩

① 双方对面相向行走或对方出右拳向己方击打，己方左手迅速抓握对方右手腕的同时，右小臂由下向上挑起，穿过对方右臂，同时上左脚，身体迅速右转（图6-2-17 ~图6-2-19）。

② 上动不停，己方左手上推对方右手腕同时，右臂拉别对方右臂肘部，随转体右手迅速按压其右肩部（图6-2-20）。

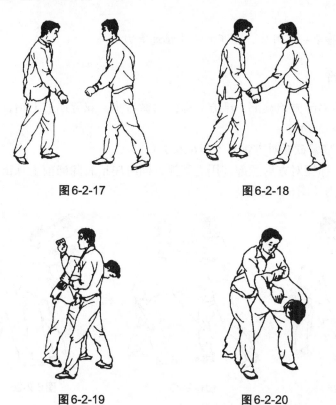

图6-2-17　　　　　　　　　　　图6-2-18

图6-2-19　　　　　　　　　　　图6-2-20

要点

抓腕要准，上步要快，按压有力。

（六）抓腕脱打

①己方右手腕被对方的右手抓握（图6-2-21）。

②己方右手握拳屈肘，从对方右手拇指一侧，忽然上挑至右肩前。同时左手向下推压其右腕（图6-2-22）。

③己方右手解脱后，随右脚向前半步的同时，右拳背抢击对方右颊部（图6-2-23）。

图 6-2-21

图 6-2-22

图 6-2-23

要点

屈肘、上挑、下推要一气呵成，上步和抢击迅速有力。

（七）抓颈顶裆

① 对方正面两手掐已方颈喉部，已方立即向后撤右步，双臂屈肘上抬，两小臂从里向外格挡对方小臂（图 6-2-24）。

② 已方顺势两手变掌砍抓对方颈部（图 6-2-25）。

③ 已方随即两手抓握对方后颈部，用力回抓，同时屈抬右膝向前上顶击对方小腹或裆部，使其失去抵抗能力（图 6-2-26）。

图 6-2-24

图 6-2-25

图 6-2-26

要点

抓颈要突然，发力要迅猛；顶裆时双手抓握要紧，上下肢协调配合。

（八）拉臂侧摔

① 对方由后用右臂锁住已方喉部，左手向后拉已方左手腕时，已方迅速用右手抓拉对方右小臂（图 6-2-27、图 6-2-28）。

② 已方左脚向对方腿后撤步并靠牢，以腰为轴向左转身的同时，左臂向后下外拨对方身体，将对方摔倒（图 6-2-29、图 6-2-30）。

图6-2-27 　　　　　　　 图6-2-28

图6-2-29 　　　　　　　 图6-2-30

要点

动作要迅速准确，拉臂、外拨要有力。

（九）脱腕顶胸

①己方右手腕被对方双手紧抓握（图6-2-31）。

②己方将左手从对方两臂中间插入抓握自己右拳拳面，上搬右小臂，右臂乘势沉肘上抬，即可解脱（图6-2-32）。

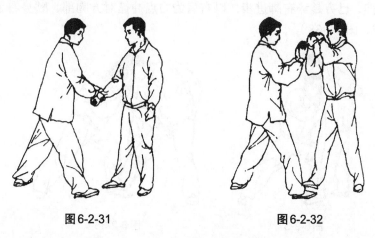

图6-2-31 　　　　　　　 图6-2-32

③ 随之上步进身，用右肘尖顶击对方胸部，继之用左手食指、中指插击对方双眼，也可用左掌根推击对方下颌（图6-2-33、图6-2-34）。

图6-2-33   图6-2-34

要点

搬、抬要突然，顶肘、插击要连贯准确。

（十）分手撞击

① 己方双腕被对方抓握。己方两臂微内旋向下伸，向左右分开。右脚向前上半步，同时头部前额向对方面部撞击（图6-2-35、图6-2-36）。

图6-2-35   图6-2-36

② 对方后仰，己方趁势右脚进步，以右肩为力点冲撞对方胸部，顺势右手背撩击对方裆部（图6-2-37、图6-2-38）。

图6-2-37   图6-2-38

✖ 要点

头部攻击对方时，颈部保持紧张。头、肩撞击时周身发力，完整一气。

（十一）推拧压肩

① 对方右手由左搂握己方颈部（图6-2-39）。

② 己方以左手上托握住对方右肘，同时缩身低头向左由对方右臂下钻出；己方右手顺势将抓其右手腕并向内拧，同时左肘下压对方右肩，对方必前俯被擒（图6-2-40）。

图6-2-39　　　　　　　　　图6-2-40

③ 对方欲向后挣脱，己方右手顺势从对方右腋下上穿封喉，随即左掌拍击对方裆部（图6-2-41、图6-2-42）。

图6-2-41　　　　　　　　　图6-2-42

✖ 要点

托肘、缩身、低头要快。捋、抓、拧、压一气呵成，上封下击准确连贯，粘黏劲不失。

（十二）掀压击肘

① 己方正面双肩被对方双手抓住（图6-2-43）。

② 己方双手从对方双手中间环抱，左臂上掀右臂下压对方肘部，即可解脱（图6-2-44）。

③ 己方左手顺对方右臂内侧下捋，刁抓对方右手腕的同时，左脚上步，右臂屈肘横击对方左颊部（图6-2-45）。

图6-2-43　　　　　　　图6-2-44　　　　　　　图6-2-45

要点

环抱双手抬平，上掀下压对方肘部整体发力，横击时以腰带动。

（十三）拧颈顶裆

① 对方正面双手搂抱己方腰部（图6-2-46）。

② 己方右手扳对方后脑向怀里猛带，左手同时推按对方下颏，双手合力拧转对方头部，即可解脱（图6-2-47）。

③ 己方随即抬左膝向斜上顶击对方小腹或裆部，使其失去抵抗能力（图6-2-48）。

图6-2-46　　　　　　　图6-2-47　　　　　　　图6-2-48

要点

扳、带、推、拧发力快脆；顶裆时双手不要松动。

（十四）撑脱顶肘

① 对方从后面将己方双臂抱住（图6-2-49）。

② 己方右脚后撤半步，同时身体快速下蹲，两臂屈肘外撑上抬，即可解脱（图6-2-50）。

③ 己方左手顺势刁抓对方右手腕，同时右肘尖猛力顶击对方肋部（图6-2-51）。

要点

撤步、下蹲、撑臂、抬肘要一气呵成，转腰顶肘发力短促。

图6-2-49 图6-2-50 图6-2-51

（十五）缠臂推击

① 对方右手从背后抓己方右肩（图6-2-52）。

② 己方迅速左后转，同时左臂抡绕缠夹对方右臂，右掌推击对方下颏，也可顺势顶膝（图6-2-53）。

图6-2-52 图6-2-53

 要点

转身抡绕要快，缠夹要紧并上提，右手短促发力。

（十六）掐喉勾踢

① 当对方用右拳击打己方头部，己方迅速用左臂外架，顺势搂抓住对方右臂，左脚前迈，并紧贴住对方右腿，同时右手前伸，欲用掐喉拿将对方拿住（图6-2-54、图6-2-55）。

图6-2-54 图6-2-55

② 对方用左手托己方右肘部用力向己方嘴部推按，欲用推肘拿将己方拿住（图6-2-56）。

③ 己方迅速改用左手抓握住对方左前臂用力向斜下方领拉，右手用力击打对方右侧背部，同时左脚向回勾踢，将对方摔倒（图6-2-57、图6-2-58）。

图6-2-56   图6-2-57   图6-2-58

要点

拉、打与回勾3个动作要同时进行，并做到协调迅猛有力。左脚勾踢时，脚跟要紧贴地面，脚尖上跷。

第三节　女子防身术

女子防身术集拳击、散打、自由搏击、擒拿等防身武技动作于一体，是女性受到歹徒各种非法暴力侵害时，运用手、脚、膝、肘等，或就地取材进行防卫和攻击的一种搏击技法。通过练习，熟练地掌握防身术的技术技巧，就可以在歹徒来犯时，不畏强暴，敢于斗争，使自己免受伤害。有一技傍身，女性在遇到歹徒时，才可能做到冷静沉着、随机应变，以静制动，后发制人，最后击中要害，一招制胜。

一、运用女子防身术的策略

女子防身术强调"狠""猛""毒"，它不是复杂、难以用得上的擒拿散打，而是简单实用的"一招制敌"。因此特别强调时机，要隐蔽、突然地进攻。如果盲目进攻，只会令歹徒有所防范，令自己更危险。具体策略有以下几点。

① 无所不用其极。就是要用最凌厉、最有效的招数对付歹徒。

② 充分利用环境和一切可利用的物品。说简单点，就是尽可能地抄起一些"家什"，如雨伞、手机、玻璃瓶、钢笔等都可以作为武器。有武器在手总比赤手空拳好。

③ 自卫防身的技术，要有一定的击打力度。通过训练，可以提高女性生理和心理素质，做到头脑冷静，临危不乱。

④ 防身自卫不是体育比赛，不一定要把对手彻底击倒，只要使歹徒暂时失去行动能力，就要尽快逃离现场。

二、了解人体要害部位

人体要害部位是指人体遭受打击或挤压最容易造成昏迷、伤残、致死的部位。了解并学会攻击这些要害部位，再加上勇气和信心，就能给来犯歹徒以有力打击，这是最积极的自我防卫。

人体要害部位有眼、太阳穴、咽喉、后脑、锁骨、心窝、腹部、裆部、脊椎、指关节、腕关节等。攻击方法有以下几种。

① 眼：运用拳法猛击歹徒眼眶；以食指和中指的前端指尖刺入歹徒双眼。

② 太阳穴：运用掌外侧、拳、肘击打，如歹徒已倒地，用脚尖踢击。

③ 咽喉：运用手指猛戳咽喉下部的凹陷处。

④ 后脑：运用拳横击或劈砍，也可用肘击。

⑤ 锁骨：运用掌外侧由上往下猛力砍劈。

⑥ 心窝：运用拳或肘尖猛击。

⑦ 腹部：运用拳打、膝顶、肘击、脚踢。

⑧ 裆部：运用膝顶、脚踢或用手捏。

⑨ 脊椎：运用脚踢、膝顶、肘击。

⑩ 指关节：将其手指扳直后向后猛折。

⑪ 腕关节：运用擒拿术中的卷腕、缠腕、切腕等技法。

三、女子防身术动作方法

1.拍裆顶肋

乙由身后双臂抱住甲时，甲两腿微屈，重心下降，右手掌拍击对方裆部，迫使乙收腹前倾；甲乘势右转，右臂屈肘，以右肘尖顶击对方肋部（图6-3-1～图6-3-3）。

图6-3-1　　　　　　　图6-3-2　　　　　　　图6-3-3

🏃 **要点**

拍裆快速准确，肘顶肋利用转腰发力。

🧍 **攻防含义**

如乙只将甲拦腰抱住（双臂在外），甲可屈肘抬臂转腰，肘击乙太阳穴。

2.二指点睛

当甲右直拳攻击乙上盘时，乙身体重心稍后移，同时左臂屈肘挂防；随即重心前移，左臂贴甲右臂迅速前伸，左手中指、食指分开点戳甲双眼（图6-3-4、图6-3-5）。

要点

屈肘挂防避开对方冲击力即可，点戳动作要准确快捷。

攻防含义

乙也可用左拳挂防，右手指点戳甲（图6-3-6）。

图6-3-4　　　　　　　　图6-3-5　　　　　　　　图6-3-6

3.顶胸弹面

当甲双手搂抱乙颈部时，乙双臂弯曲上举，左脚上步，双肘向前上方顶击甲胸部，右拳迅疾向甲面部弹击（图6-3-7 ～图6-3-9）。

图6-3-7　　　　　　　　图6-3-8　　　　　　　　图6-3-9

要点

双肘顶胸与右拳击面要连贯、完整，一气呵成。

攻防含义

适用于在近距离情况下使用，也可变化成磕面撞裆法（图6-3-10、图6-3-11），特别在女性正面遭搂抱时不失为解脱的上乘招法。

图6-3-10　　　　　　　　　　图6-3-11

4.仰卧绞脱

乙骑身卡喉或对女性强行接吻时，甲反抓对方双手（或一手用指点击对方眼睛），同时左腿（或右腿）屈收绞摆置乙面部猛力蹬出，乘机翻起（图6-3-12～图6-3-14）。

图6-3-12　　　　　　　　图6-3-13　　　　　　　　图6-3-14

要点

抓手（或点睛）、绞腿要快、有力。

攻防含义

仰卧被压之时，用脚蹬面脱身威力较大，但对方骑压紧贴时很难施展，在此种情况下要挣扎变换，捕机得势，力争奏效。

女子防身术不仅可以提高女性的防身自卫能力，还能极大地增强女性的自信心。通过经常练习，可以磨炼意志，培养坚强果敢的品质和柔中带刚的气质。随着人们生活、工作节奏加快，生活压力日益增大，经常进行防身术锻炼，还可以宣泄不良情绪，减轻学习、工作压力，具有平衡心理的作用。

女子防身术还是强身健体、塑造形体的有效手段。如果经常进行防身术锻炼，能够逐步增强体质，并提高人体各器官、各系统的功能，特别是心血管、肌肉、神经系统功能。

思考题

1.散打的基本步法有哪些？
2.散打的基本拳法和腿法有哪些？
3.擒拿训练有哪些注意事项？
4.人体要害部位有哪些？

第七章

武术评判与鉴赏

第一节　武术套路竞赛规则与裁判法（简介）

最新版的2003年武术套路竞赛规则（简称"武术套路规则"）的出台，是提高比赛的公正性与观赏性的重要手段。其背景是，作为"难美技能类项目"，武术套路要想进入奥运会，必须和其他的同类项目（如跳水、体操、花样游泳等）一样，不仅要在比赛的评分中充分体现客观性、公正性，同时还要鼓励技术的不断创新，提高动作难度，使武术比赛更精彩，更具有观赏价值。本节所介绍的最新的武术套路规则就是按照该精神制定的。

一、武术套路竞赛规则简介

武术套路竞赛规则共分3章27条，对于竞赛组织机构、竞赛要求和竞赛办法、评分方法与标准作出了具体的规定和要求。为方便大家了解套路比赛，我们从以下两个方面来进行阐述。

（一）竞赛的一般常识

1.执行裁判人员组成

总裁判长1人、副总裁判长1～2人。裁判组设裁判长1人、副裁判长2人；A组评分裁判员2～3人；B组评分裁判员3人；C组评分裁判员2～3人。编排记录长1人，检录长1人。

2.竞赛类型

竞赛按类型可分为个人赛、团体赛、个人及团体赛。

3.竞赛项目

长拳、太极拳、南拳、剑术、刀术、枪术、棍术、太极剑、南刀、南棍、传统拳术、传统器械、对练项目和集体项目。

4.竞赛年龄分组

成年组、青少年组和儿童组。

5.比赛顺序

在竞赛监督委员会和总裁判长的监督下，由编排记录组抽签决定比赛顺序。

6.检录

运动员在赛前40分钟到达指定地点报到，参加检录，并检查服装和器械。

7.礼仪

运动员听到上场点名时和完成比赛套路后，应向裁判长行抱拳礼。

8.得分相等的处理

个人分别以难度分高者、以完成高等级难度数量多者、以演练水平分高者、以演练水平扣分少者、以动作质量扣分少者顺序排列名次。全能或团体以比赛中获单项第一名多者列前，依此类推。

9.竞赛有关规定

（1）难度填报　参赛的运动员必须根据竞赛规则和规程要求选择难度和必选主要动作，于赛前20天在规定网站填报"武术套路难度及必选动作申报表"，并确认打印，签字、盖章后寄往赛会（以到达邮戳为准）。

（2）套路完成时间　长拳、南拳、剑术、刀术、枪术、棍术、南刀、南棍套路，成年不少于1分20秒，青少年（含儿童）不得少于1分10秒；太极拳、太极剑自选套路为3～4分钟；太极拳规定套路为5～6分钟；对练不得少于50秒；集体项目为3～4分钟；传统项目，单练不得少于1分钟。

（3）比赛音乐　规程规定的配乐项目必须在音乐（不带歌词）伴奏下进行，音乐可以根据套路的编排自行选择。

（4）比赛服装　裁判员应穿统一的服装，佩戴裁判等级标志；运动员应穿武术比赛服装。

（5）竞赛场地　个人项目14米长、8米宽；集体项目长16米、宽14米。场地四周内沿，应标明5厘米宽的白色边线。场地的地面空间高度不少于8米。两个比赛场地之间的距离6米以上。

（6）比赛器械　国家体育总局武术运动管理中心指定的器械。

（7）比赛设备　大型比赛必须配备摄像机4台、放像设备3台、电视机3台，以及全套电子评分系统和音响系统。

（二）评分标准与办法

武术套路各项目评分均为10分制。自选项目动作质量分为5分（A组），演练水平分为3分（B组），难度分为2分（C组）。传统项目或无难度的自选项目动作质量分为5分（A组），演练水平分为5分（B组）。

1.动作质量的评定与动作质量应得分的确定

A组裁判员根据运动员现场完成动作的质量，按照"动作规格常见错误内容及扣分标准"的要求，用动作质量的分值减去各种动作规格错误和其他错误的扣分，即为运动员的动作质量分。

2.演练水平的评定与演练水平应得分的确定

（1）自选项目　B组中由1名裁判员加裁判长按照套路动作劲力、节奏及音乐的要求整体评判后确定的等级平均分数减去另外2名裁判员对套路编排错误的扣分，即为运动员的演练水平分。

（2）传统项目　B组裁判员根据运动员整套的现场演练，按照劲力、节奏、编排以及音乐的要求整体评判后确定示出的分数，即为运动员的演练水平分。取3个分数的平均数或去掉高低分取中间2个分数的平均值为运动员的演练水平应得分。

3.难度的评定与难度应得分的确定

C组裁判员根据运动员现场整套难度完成的情况，按照各项目动作难度和连接难度的加分标准，确定运动员现场完成动作难度、连接难度的累计分，即为运动员的难度分。

4.运动员实际应得分数的确定

（1）自选项目　动作质量应得分、演练水平应得分和难度应得分之和即为运动员的应得分数。

（2）传统项目　动作质量应得分和演练水平应得分之和即为运动员（队）的应得分数。

5.运动员最后得分的确定

裁判长从运动员的应得分中减去"裁判长的扣分"，加上创新难度的加分即为运动员的最后得分。

6.裁判长的加分与扣分

裁判长执行对比赛中被确认完成的创新难度的加分，执行对比赛中套路时间不足或超出规定的扣分。

二、武术套路竞赛裁判法

武术套路竞赛的裁判评分是以规则为准绳，以运动员现场技术发挥为依据，采用减分、给分和加分的办法进行的。由于武术套路的评判内容多，裁判员要在短时间内完成快速、准确的评判工作，存在一定的困难。但是，任何事物都有其内在的基本规律，只要我们在熟悉规则的基础上，进一步总结经验，有层次地对武术套路内容认真进行观察和比较，评判工作完全是可以做好的。

（一）对动作质量分的评判

武术套路是由诸多武术单个动作所组成，每一个完整的武术动作又是由"型"和"法"所构成。这里讲的"型"是指手形、步形、身型。套路演练中，定势动作主要看其"型"正确与否。这里的"法"是指手法、步法、身法、腿法、眼法、跳跃、平衡和各种器械的方法。对"法"的评判着重要看方法是否正确，运行路线是否合理、清楚，力点是否准确等。

拳术谚语中的"势正招圆"实际上就是对动作"型"与"法"的基本要求。套路演练中的各种"型"与"法"在规则中都分别有相应规格的表述，因此，熟记和灵活运用规则中"动作规格常见错误内容及扣分标准"是评好动作质量分的基础。

对于动作质量的评分，原则是出现1次错误扣一次分。累计扣分，具体实扣。比赛场上，运动员的演练速度很快，裁判员应在边看边记的过程中，切实把动作规格方面的扣分点——清楚地表示出来，以便达到快速而准确的评判目的。

（二）对整套演练水平的评判

整套演练分的评分属抽象部分评分，不像动作质量分的评判那样扣分依据较为明显、能够具体实扣，它是通过比较法得出结果的。因此，它不但要求裁判员全面熟悉规则精神，而且还须对所评项目熟悉了解，通过观看运动员的现场发挥水平，在全面把握的基础上，具体分析，认清档次，使评分趋于合理。

212

1.对功力（劲力、协调）的评分

运动员套路演练的功力水平，主要通过劲力和协调两个方面来体现。

（1）**劲力**　主要是指运动员在完成动作时对力的运用与表现。套路演练时的劲力，要求用力顺达，发力完整，刚柔得当，力点准确。

（2）**协调**　主要是指运动员在完成动作时，身体各部位及器械的合理配合。武术讲究手、眼、身法、步协调一致，眼随手走，手到步到，上下相随等，这些都是协调配合的具体要求与表现。从整个身体而言，身法是协调与否的重要方面。

劲力与协调是相辅相成、不可截然分开的统一体。劲力的完整需要周身的协调作支持。僵硬、松懈、蛮劲都是身体各部位不协调的结果。劲力是协调的体现，协调是劲力的基础，二者一方出现毛病，必然会同时影响到另一方。因此，对此部分的评分，需要考虑到它们的相关性。

2.对演练技巧的评分

套路既然是武术的一种表现形式，那么，武术套路竞赛必然讲究演练技巧。演练技巧包括精神、节奏、风格三方面。

（1）**精神**　主要是指内在心志活动的表现。武术套路的演练者应该是精神贯注，形神兼备，具有攻防意识和战斗气势。精神主要通过眼神来体现。拳术谚语中的"眼无神，拳无魂"形象地说明了神志和目光是表现精神的重要"窗口"。

（2）**节奏**　主要是指对动、静、快、慢之间关系的处理技巧。不同拳种，对节奏也有不同要求，如长拳节奏鲜明、快速有力，与太极拳的缓慢柔和、绵绵不断就有明显区别。一般来讲，套路演练时的节奏处理也要富有韵律感，该快的令人振奋，该慢的耐人寻味。那种杂乱无章的一快到底或者毫无生气的平淡乏味都是不可取的。

（3）**风格**　主要是指整个套路的技术特点和运动风貌。评判此方面，首先要看演练者的动作技术演练是否符合项目的特点要求，看其体现项目的技术特点和运动特色的程度如何，是否掺杂有与本项目技术特点及运动规律不相融洽的其他动作等。

3.对编排（内容、结构、布局）的评分

套路编排对演练效果、得分高低有着直接的关系。编排包括内容、结构、布局三方面。

（1）**内容**　主要是看整个套路中，基本动作、技术方法是否充实、全面，是否具有代表性。内容空洞、单调或多有重复现象者、缺少规则规定的内容，都应予以扣分。

（2）**结构**　主要指套路中动作的衔接与安排是否合理、紧凑，段与段、组与组、动与动之间的衔接是否顺畅、和谐、巧妙，动作是否有起伏转折、富于变化等。

（3）**布局**　主要指整个套路演练对场地的运用是否合理、恰当、均衡，是否富有变化。任何偏重、局限、呆板的布局都须酌情扣分。

关于整套演练方面的评分，不同项目有不同的风格和特点，在处理好各方面关系的同时，也要兼顾到动作质量完成部分的有关情况。如果运动员在比赛中连连失误，那么，其演练技巧方面势必会受到影响。这些都需要裁判员认真总结经验，切实得体地把握好评分尺度，不能前紧后松，也不能前松后紧。尤其是对不能在同一时间、同一场地全部完成评判的项目，一定要注意到前后尺度的统一性。总之，整套演练部分的评分要纵观全面，综合判断，整体比较，按三档、九级给分。

（三）对难度动作的评判

难度动作是竞技武术套路发展的必然产物。设置它的目的在于增加竞技武术套路的可比性和裁判员评分的区分度。比赛过程中，运动员对难度（包括连接难度）动作完成得成功与

否，直接影响他的比赛成绩与名次。因此，评判难度动作首先要熟悉难度动作的规格要求，熟悉完成难度动作过程中常见的毛病与扣分要点，善于总结评判经验，能眼明手快地对难度动作进行准确评分。

（四）对其他错误的扣分

其他错误扣分是指裁判员对比赛中运动员完成动作技术时失误的扣分。自选套路、其他拳术、器械、对练项目、集体项目都有相对应的"其他错误内容及扣分标准"。裁判员应对规则规定的扣分内容和相应的扣分分值熟记在心；评分过程中做到熟练执行。按其他错误出现1次扣1次，将扣分点及时记入评分表中。一个动作同时出现两种以上错误时，应累计扣分。

第二节　武术散打竞赛规则与裁判法（简介）

现行武术散打竞赛规则分国际性比赛使用的《国际武术散打竞赛规则》和国内锦标赛使用的《武术散打（散手）竞赛规则》。最新的《国际武术散手竞赛规则》是由国际武术联合会根据武术散打运动在世界各国的发展现状和国际间竞赛的需要于2004年重新修订完成的。全文共分8章31条，设中、英文双语对照。国内锦标赛使用的武术散打竞赛规则是根据接轨国际比赛的精神，同时顾及我国散打运动发展的现状，于2004年由中国武术协会汇集国内武术散打界著名学者、专家、裁判员、教练员共同修订完成的，分为《武术散打（散手）竞赛规则》和《武术散打（散手）竞赛裁判法》两部分。在本节内容中，我们主要介绍国内锦标赛使用的《武术散打（散手）竞赛规则》和《武术散打（散手）竞赛裁判法》。

一、武术散打竞赛规则介绍

《武术散打（散手）竞赛规则》共分9章32条，对于竞赛的性质和办法、评分方法作出了具体的规定和要求。为方便大家了解散打比赛，我们从以下三个方面来进行阐述。

（一）竞赛的一般常识

（1）散打比赛采用循环赛和淘汰两种竞赛办法，每场比赛采用三局两胜制，每局净打2分钟，局间休息1分钟。

（2）运动员参加比赛必须携带运动员注册证、人身保险证明、体格检查证明，年龄必须符合规则要求，即成年运动员18～35周岁，青少年15～18周岁。

（3）散打比赛体重分为48千克、52千克、56千克、60千克、65千克、70千克、75千克、80千克、85千克、90千克、90千克以上，共11个级别。

（4）比赛时运动员必须穿戴大会规定的拳套、护头、护胸、护齿、护裆等护具和与护具颜色相同的比赛服装。护具颜色分红、黑两种。

（5）运动员必须经过称量体重、抽签等项程序后，方可按大会的编排秩序参加比赛。

（6）比赛中运动员或教练员可根据本方实力情况，决定是否弃权。方式为运动员举手或教练员举弃权牌要求弃权。

（7）比赛时教练员和本队医生可以坐在指定位置上给运动员进行临场指导，局间休息时允许给运动员按摩，但不得输氧。

（8）比赛场上的执行裁判人员有：总裁判长1人，副总裁判长1～2人，裁判长、副裁判长、台上裁判员、记录员、计时员各1人，边裁判员3人或5人。

（9）台上裁判员根据规则用口令和手势指挥运动员进行比赛，判定运动员倒地、下台和犯规、消极、强制读秒、临场治疗等有关事宜，宣布每场比赛结果。

（10）比赛的胜负评定，每局比赛结束，5名边裁判员根据裁判长信号，同时显示评判结果，裁判长依据结果判定该局胜方。一场比赛一方先胜两局为该场胜方。

（11）例外的胜负评定。

① 一局比赛中，一方2次下台或被强制读秒2次，另一方为该局胜方。

② 比赛中台上裁判员认为双方实力悬殊，在征得裁判长同意后可判技术强者为优势胜利。

③ 一场比赛中，一方被重击（侵人犯规除外）倒地不起达10秒，或虽能站立但知觉失常，判对方为优势胜利。

④ 一场比赛中，被强制读秒（侵人犯规除外）达3次，判对方为优势胜利。

（二）得分标准与判罚

（1）得分部位　头部、躯干、大腿。

（2）禁击部位　后脑、颈部、裆部。

（3）禁用方法

① 用头、肘、膝或反关节的动作进攻对方。

② 用迫使对方头部先着地的摔法或有意砸压对方。

③ 用任何方法攻击主动倒地方的头部和被动倒地方。

（4）得2分

① 一方下台，另一方得2分。

② 一方倒地，站立者得2分。

③ 用腿法击中对方头部、躯干，得2分。

④ 用主动倒地的动作致使对方倒地，而自己顺势站立者，得2分。

⑤ 被强制读秒1次，对方得2分。

⑥ 受警告1次，对方得2分。

（5）得1分

① 用手法击中对方头部、躯干部位。

② 用腿法击中对方大腿。

③ 先后倒地，后倒地者得1分。

④ 用主动倒地的动作致使对方倒地，而自己不能顺势站立者，得1分。

⑤ 运动员被指定进攻8秒后仍不进攻，对方得1分。

⑥ 主动倒地3秒钟不起立，对方得1分。

⑦ 受劝告1次，对方得1分。

（6）不得分

① 方法不清楚，效果不明显。

② 双方下台或同时倒地。

③ 用方法主动倒地，对方不得分。

④ 抱缠时击中对方，不得分。

（7）技术犯规

① 消极搂抱对方。

② 处于不利状况时举手要求暂停。

③ 有意拖延比赛时间。

④ 比赛时对裁判员有不礼貌的行为或不服从裁判。

⑤ 上场不戴或有意吐落护齿、松脱护具。

⑥ 运动员不遵守规定的竞赛礼节。

（8）侵人犯规

① 在口令"开始"前或喊"停"后进攻对方。

② 击中对方禁击部位。

③ 以禁用的方法击中对方。

（9）处罚

① 每出现1次技术犯规，劝告1次。

② 每出现1次侵人犯规，警告1次。

③ 侵人犯规达3次，取消该场比赛资格。

④ 运动员故意伤人，取消比赛资格，所有成绩无效。

⑤ 运动员使用违禁药物，或局间休息时输氧，取消比赛资格，所有成绩无效。

（10）暂停比赛的几种情况　当运动员倒地（主动倒地除外）或下台、运动员犯规受罚、运动员受伤、运动员相互抱缠没有进攻动作或无效进攻超过2秒、运动员主动倒地超过3秒、运动员举手要求暂停、裁判长纠正错判漏判、处理场上问题或发现险情和因灯光、场地等客观原因影响比赛、被指定进攻超过8秒仍不进攻等情况时暂停比赛。

（三）比赛场地和器材

1.比赛场地

比赛场地为高80厘米、长800厘米、宽800厘米的擂台，台面上铺有软垫；软垫上铺有盖单，台中心画有直径120厘米的中国武术协会的会徽。台面边缘有5厘米宽的红色边线，台面四边向90厘米处画有10厘米宽的黄色警戒线。台下四周铺有高30厘米、宽200厘米的保护软垫。

2.器材

比赛须配备摄像机2台、放像设备1台、电视机1台以及电子评分系统1套。

二、武术散打竞赛裁判法简介

《武术散打（散手）竞赛裁判法》是对《武术散打（散手）竞赛规则》的细化，是指导裁判人员赛时进行工作的实际操作方法。《武术散打（散手）竞赛裁判法》共有3章，合计50个条款。由于条款众多，在此仅对比赛时台上裁判员进行实时判罚和观看散打比赛应当知道的规则条款，依据《武术散打（散手）竞赛裁判法》进行一定的解释，以方便观赏散打比赛。

（1）净打2分钟　指每局比赛除暂停之外的实际比赛时间，即计时员听到台上裁判员

"开始"的口令随即开启计时表、"停"的口令立即停表。当开表时间累计达到2分钟时，鸣锣通告一局比赛结束。

（2）用迫使对方反关节的动作攻击对方　指采用方法固定对方关节前端并击打、拧扳或迫使其关节超出正常活动范围的攻击动作。

（3）迫使对方头部先着地的摔法　指在使用摔法过程中，控制住对方的身体，强迫对方头部先着地，有意伤害对方。

（4）有意砸压对方　指对方倒地时，顺势用身体的某一部位再次加力于对方身体的某一部位，以达到使对方丧失战斗力的目的。

（5）读秒

① 读8秒，台上裁判员在读秒过程中，运动员已举手示意可继续比赛，但仍须读完8秒后再继续进行比赛。

② 读10秒，台上裁判员在读秒过程中，运动员没有示意要求继续比赛，或虽已示意可以比赛，但发觉其知觉不正常时仍须读到10秒，一旦读到10秒，则表示该场比赛已经终止。

（6）消极8秒　是指台上裁判员用"指定进攻"的手势指定一方运动员进攻后，运动员在8秒钟后仍不进攻的行为。

（7）倒地　是指两脚以外的任何身体部位支撑了台面。

（8）主动倒地　指两脚以外的其他身体部位需要先支撑台面后才能使用方法或使用方法后必须倒地的进攻方法。

（9）主动倒地超过3秒　指使用主动倒地动作进攻没有击倒对方，或使用主动倒地进攻动作时被对方反击所迫不能在3秒钟内迅速站立。

（10）击中　指运动员使用允许的方法打到对方的得分部位后产生相应的效果。一般从以下4个方面进行判定。

① 看进攻，进攻动作清晰、击中点准确。

② 看防守，击中时没有相应的防守动作或击中在先防守动作在后。

③ 看位移，击中后产生的位移现象。

④ 听声音，击中对方后发出清脆或沉闷的响声。

（11）下台无效　一方下台时，另一方虽在台上但没有与台下运动员身体的某一部位脱离，均被视为无效。

（12）抱缠时击中对方不得分　指一方运动员抱住另一方运动员后，或者在双方互相搂抱的过程中击打对方，尽管是有效部位但仍不予记分。

（13）消极搂抱　指为了达到不让对方进攻或反击的目的而一味采取抱缠的行为。

（14）每局胜负评定　边裁判员用色别标志（色别灯、色别牌）表示胜负结果，红色或黑色多者为胜方。

第三节　武术表演与欣赏

一、武术表演

武术有着独特的表演价值功能。武术表演的方式和形式相当多，一般有徒手、器械、单练、对练和集体等表演形式。武术表演通过高超娴熟的技艺、扣人心弦的搏斗技巧来体现中华民族的一种拼搏向上的民族精神。如果是比赛，运动员通过比赛表现的超群技能和素质也是一种优美的表演。武术表演也可以有一定的寓意，带有故事情节和传统典故，加上形象的服装道具修饰的表演，不仅使观众通过观看获得相应的武术专业知识，同时还可以在不同程度上获得传统文化知识和情感上的满足。近年来也出现了不少顺应时代潮流需要的主题性表演，这种表演依托有主题需要的背景和音乐、服装道具和灯光。例如，为配合北京申办奥运会而举行过的主题为"武魂颂"的大型武术表演。通过观看武术表演来加深对武术的了解、振奋民族精神和增强中华民族的自信心是一种极好的手段和方式，这种方式是其他任何体育运动所不能替代的。

二、武术表演的欣赏

怎样来欣赏武术表演也是一门学问。俗话说"内行看门道，外行看热闹"，不管是"看门道"还是"看热闹"都是欣赏武术表演的方式。对于武术表演能够看出"门道"来的大都是有一定水平的感性和理性认识基础的，而能看出"热闹"者则都是一般水平上的满足于普通情感的欣赏。武术表演的欣赏和其他艺术欣赏有着相同的规律是"欣赏无定法，触类可旁通"，这说明欣赏的方式方法是不相同的，每个观赏者根据自己对于武术表演的认识和价值取向有着不尽相同的欣赏角度与方式。加上武术表演形式和内容的丰富多彩，客观上为武术表演的欣赏提供了较广的遐想空间。总体上来看对于武术表演的欣赏主要有以下三个方面。

（一）欣赏表演动作的"节奏"

"节奏"是指武术表演的韵律变化。具体就是所谓的"十二型"，即快如风、缓如鹰、起如猿、落如鹊、重如铁、轻如叶、立如鸡、站如松、转如轮、折如弓、动如涛、静如岳。节奏的变化要根据具体动作而定，不是教条的，也就是"快"后不一定是"缓"，"重"后也不一定是"轻"，它可以是一组相同类型的动作跟着再现几个其他类型的动作，如抡臂砸拳（重）——正踢腿（快）——叉步翻腰（转折）的变换、助跑（快）——跳跃翻腾、腾空转体等（起）——落地后几个变换方向的小组合（快）——接定势（静）的变换。这样经过"韵律"的修饰，使各种动作"和谐"地衔接，有层次地、多方面地、出其不意地和清晰地表现了节奏。比如走行步似苍鹰翱翔于天空，运动员的目光要随势而环顾，犹如鹰于高空向地面搜索猎物，这时是相对的缓势。走过数步后突然一个变势为几个快速组合动作，如急风暴雨、迅雷而不及掩耳之势，似与猎物撕杀后，又一个力拔千钧的定势。再有"旋风脚接叉"动作，体现了高与低的空间变化。腾空纵起犹如旋风直上九霄，在空中快速完成击响后，接落地摔叉，定势造型静如岳。这种瞬间的动静时空变化形成了有"节奏"的韵律。在整体的表演变换中，动似惊涛骇浪那样汹涌，后浪推前浪，滔滔不绝，使人为之振奋；缓时犹如和风细雨，春风拂柳；又似山涧潺潺小溪，把人引入无限的遐想之中。

"十二型"所对应的"动静、起落、立站、转折、轻重与缓快"是六对矛盾的对立统一。这些矛盾在武术表演中体现得越是充分，动态的美也越诱人。武术套路表演在运动中将"十二型"有机地"和谐"起来，互为补充与衬托，其结果就形成了优美的"节奏"。"凡事竭尽其美，要有韵"。有节奏变换的"韵"之和谐，是武术套路演练体现的传统美学规律之一。

（二）欣赏表演的"写意"美

中国古代的审美情趣重在写意，也就是通过形象的创造表现出主观意识的主旨。在古典美学中常有"意在笔先，画尽意在""写一时之意，意尽则止""意授于思，言授于意"这样的评论，通常称之为写意。写意的重要之点是不必实写，而是寓神情意念于物象之中，不求形似，但求神似。武术表演的美感欣赏和传统审美观念是一致的。唐朝诗人杜甫在《观公孙大娘舞剑器行》序中说："往者，吴人张旭善草书帖，数常于邺县见公孙大娘舞'西河剑器'，自此草书长进，豪荡感激。"由此可知，唐代的剑器舞所表现的豪荡情趣曾影响了书法艺术的发展，武术表演中早就存在着传统的"写意"美了。

欣赏武术表演主要注重意境。武术表演不仅在对打表演中能传神地表现击刺的勇猛惊险，在单练套路中也能体现不同的意境。武术表演都是通过动作、节奏和表演者的神态给观众一种会意的欣赏。特别是象形拳的仿生活动，更是象形取意以模仿的姿态体现出各种动物的基本特征。如虎拳的刚劲勇猛，有"猛虎出洞""虎啸山林"之威风。鹰拳的矫捷快速，似"雄鹰捕食""鹰击长空"的姿态。醉拳的滚翻颠扑，给人以"似醉非醉""醉打山门"的气概。特别是猴拳，整套动作完全是模仿猴子的日常行为，以出洞、窥望、攀登、摘桃、蹬枝、拼抢、藏桃、蹲坐、吃桃、喜乐、惊窜、入洞等构成整个套路，以刚、柔、轻、灵、巧、躲、闪、神、束来表现猴的神态，以抓、甩、采、切、刁、拿、扣、顶的手法和缠、蹬、踹、弹的腿法来表现猴的动作。在外形上既似猴的动作，在神情上又似猴的精神，使人看后便能会意这是猴的形象。武术表演是由动作组成的套路，表演者的神态便可以给人不同的情趣感受，表现出武术表演"写意"美的特色。

武术表演在表现"写意"的美以求"神似"之外，还须要追求外形的造型美，以奇巧的形态来满足观众眼目的观赏。

（三）欣赏表演"形"与"神"的和谐美

武术套路运动的本质属性是传统的技击术，它的"形""神"表现与攻防搏斗含义紧密关联着。因此，武术套路演练客体要将自己"置于一个战斗的场合"，并通过"形"与"神"的和谐来达到"形神兼备"来体现武术表演美的艺术。内心所涵的搏斗之"神"，将其赋予了有形的、具体化的外在形体技术之"形"而表现出来。如"形如搏兔之鹘，神如捕鼠之猫"，要求演练者具有像鹘之矫健的身形和猫的随时出击之神态。武术表演的"心动形随""意发神传"，才使武术演练富有神采。诸如南拳的雄浑敏捷、北腿的粗犷豪放、太极拳的轻灵柔和、大刀的气势雄伟、棍术的横扫千军、长枪的变幻莫测、单刀如猛虎，剑似飞凤，都是通过表演者动作形体与神态的和谐逼真，使观赏者产生会意的美学欣赏。尤其是象形拳更是重"形"与"神"的和谐，机灵活泼的猴拳表演不仅有形象的动作表现，而且能通过眼神的左右、上下、前后的环顾，尤其是伴随着眼睛不定地眨巴使艺术表现更为生动、惟妙惟肖。而鹰爪拳的眼神必须按照"雄鹰搏兔""鹰击长空"的形象，要目不转睛地环顾，双目炯炯有神容不得半点眨巴。醉拳则在睡眼惺忪中暗藏杀机，不然就失去了"醉翁之意不在酒"的形象。武术表演从"形似"到"神似"便有了"传神写意"的欣赏价值。

思考题

1.竞技武术套路裁判法主要有哪些内容？

2.散打裁判法主要有哪些内容？

3.你认为应该怎么样欣赏武术表演？

参 考 文 献

[1] 林志超. 高职体育与健康规划教程. 北京：北京体育大学出版社，2008.

[2] 王永. 高职体育与健康教程. 北京：北京体育大学出版社，2006.

[3] 《大学体育与健康教程》编委会. 大学体育健康教程. 北京：人民出版社，2006.

[4] 季克异，孙麒麟. 高职高专体育. 北京：高等教育出版社，2006.

[5] 孙雄华. 有氧运动与健康. 西安：西安地图出版社，2008.

[6] 张瑞林. 体育与健康. 济南：山东大学出版社，2006.

[7] 邹继豪，孙麒麟. 体育与健康教程. 沈阳：辽宁大学出版社，2004.

[8] 蔡仲林，周之华. 武术. 第3版. 北京：高等教育出版社，2000.

[9] 国家体育教育研究所. 中国武术史. 北京：人民体育出版社，1997.

[10] 周伟良. 中国武术史. 北京：高等教育出版社，2003.

[11] 体育学院普修通用教材. 武术. 北京：人民体育出版社，1999.

[12] 纪秋云. 武术. 北京：北京体育大学出版社，2004.

[13] 鲁家政. 大学武术与健康. 北京：科学出版社，2010.

[14] 王斌. 实用女子防身术. 上海：上海科学技术出版社，2006.

[15] 孙雄华. 体育. 北京：化学工业出版社，2009.

[16] 王忠政. 武术. 北京：电子工业出版社，2010.

[17] 全国体育院校教材委员会武术教材小组. 武术理论基础. 北京：人民体育出版社，1997.

[18] 体育院校通用教材. 中国武术教程（上册）. 北京：人民体育出版社，2004.

[19] 叶伟. 散打运动训练理论与实践. 北京：北京体育大学出版社，2004.

[20] 体育学院普修通用教材. 武术. 北京：高等教育出版社，1989.

[21] 武术教材编写组编. 武术. 北京：高等教育出版社，1996.

[22] 邱丕相. 中国传统体育养生学. 北京：人民体育出版社，2006.